第五辑

量化历史研究

陈志武　龙登高　马德斌　主编

科学出版社
北京

内 容 简 介

本书是量化历史研究的专业性辑刊。本辑内容涉及犹太历史的量化研究，历史中的金融泡沫研究，1919 年山东城市人口研究，阶层流动、选择性移民与工业革命的实证研究，文化与经济发展研究，中国年轻人如何看待历史研究等。其中不乏名家新作和年轻学者的力作。本书论述规范，颇具学术价值。

本书适合对量化历史研究方法感兴趣的读者阅读。

图书再版编目（CIP）数据

量化历史研究. 第五辑 / 陈志武，龙登高，马德斌主编. —北京：科学出版社，2019.12
ISBN 978-7-03-063845-8

Ⅰ.①量…　Ⅱ.①陈…　②龙…　③马…　Ⅲ.①历史-研究方法-文集　Ⅳ.①K061-53

中国版本图书馆 CIP 数据核字（2019）第 288115 号

责任编辑：李春伶 / 责任校对：韩　杨
责任印制：师艳茹 / 封面设计：黄华斌
联系电话：010-64005207
电子邮箱：lichunling@cspm.com.cn

科 学 出 版 社 出版
北京东黄城根北街 16 号
邮政编码：100717
http://www.sciencep.com

保定市中画美凯印刷有限公司 印刷
科学出版社发行　各地新华书店经销

*

2019 年 12 月第 一 版　开本：635×965　1/16
2019 年 12 月第一次印刷　印张：14
字数：205 000

定价：78.00 元
（如有印装质量问题，我社负责调换）

序　言

　　从 2013 年开始,量化历史讲习班和量化历史研究国际年会已经举办了七届。在第一届,来自历史学和经济学等学科的人文社会科学学者,因为历史是否能量化发生了激烈的争论。随着讲习班和年会的持续开展,在最近几次讲习班和年会上,历史研究要不要量化已不再是问题,大家关注的重点转向了如何进行更好地量化。这些转变的重要原因,在于大家都已看到量化方法的价值。这些价值至少表现在,量化方法有助于克服历史研究的碎片化、帮助打通断代、进行跨地区跨国的比较、解决"选精""集萃"问题、更好地揭示历史规律等。

　　经过这些年学术界同仁的共同努力,我们已经看到,量化方法在历史研究领域产生了较大影响,国内外不同大学、学报都对量化历史研究给予了更多重视,基于量化方法的研究成果也越来越多。与此同时,相关的学术机构和教职也大为增加,激励和吸引了更多的青年学者加入量化历史研究之中。

　　另外,经过七年多的努力,量化历史研究的学术网络也已经基本建立,仅仅是量化历史讲习班的海内外学员,即已经超过了千人,分布在海内外一百多所知名大学和科研机构。"量化历史研究"微信公众号的订阅者也接近 6 万人。我们一共推送了 350 多篇基于海内外一流量化历史研究的文章,累计阅读量超过 100 万次。

　　当然,如果只是考察那些最顶尖的经济学、政治学、历史学等期刊,与海外学界相比,基于中国历史的量化成果,虽然在近些年有了很大的突破,但无论在数量上还是质量上都还有很大差距,特别是考虑到中国人占世界人口的比例，我们对于世界学术的贡献比例还很低。

但海外学界的这些优秀成果，一方面源自于他们很早就走上科学研究的道路，而中国推动量化方法研究历史的努力刚刚持续了七年；另一方面，是海外学者经过几代人持续的努力，建立了大量高质量的数据库。

我们相信，随着更多青年学者的加入、量化方法的普及、高质量数据库的建设，我们对中国历史的认识会更加深入，基于中国历史的高质量学术成果会越来越多，我们期待中国学术对世界学术的贡献能够早日与人口规模相匹配。

《量化历史研究》是定期出版的学术辑刊，与量化历史讲习班、量化历史研究国际年会共同推动量化历史研究。这里呈现给读者的是《量化历史研究》第五辑。包含 7 篇文章，其中 4 篇为研究论文、2 篇围绕讲习班教授的授课内容展开、1 篇选录了介绍讲习班部分授课老师相关研究的推文。

最后，对关注与支持本辑刊的各位讲习班授课老师、作者、译者、审稿人、编委、读者、专家学者和编辑们表示由衷的谢意，并致以崇高的敬意！

同时，特别感谢北京用友公益基金会、龙湖集团、南都公益基金会对本辑刊的支持！

陈志武

2019 年 11 月

目　录

犹太历史的量化研究

陈志武

摘要： 电脑带来的互联网革命正在改变历史研究范式，使许多历史话题能基于历史大数据进行严谨系统的研究，而不再停留在人脑能处理的个案分析。历史研究的这个新趋势主要受益于许多国家自 20 世纪 90 年代开始将历史档案数据库化，结果是各类历史资料库在互联网上即可方便得到，而且使用成本很低。就以犹太历史研究为例，德国、意大利等国的历史档案在过去二十多年数字化进展较快，这就为量化历史学者对犹太人历史、德国历史的深入研究提供了前所未有的机会。既有的量化历史研究不仅拓展了我们对犹太人苦难与崛起历史的理解，也加深了我们对金融发展史的认知。

关键词： 犹太历史；量化研究；金融发展

一、引　言

宗教对有息借贷的排斥不仅在将近1500年里抑制了金融的发展，

而且深深地影响了过去 2000 年的人类历史，从多个维度造就了今天的世界。比如，在当今世界的政治、经济、金融、学术、文化等各领域，都有犹太人的主角。而从人口角度看，2016 年全球大约 1441 万犹太人[①]，占世界人口的 0.2%。其中，660 万人居住在以色列，570 万人居住在美国（差不多为美国人口的 2%），其余则散居在世界各地。可是，到 2009 年为止，27% 的物理学诺贝尔奖、31% 的医学诺贝尔奖得主、54% 的世界象棋冠军，都是犹太人；在美国，21% 的常青藤大学学生、37% 的导演奥斯卡奖得主、38% 的《商业周刊》捐赠排名榜人物、51% 的非小说类普利策作家奖得主也都是犹太人。[②] 耶鲁大学犹太人教授和学生如此之多，以至于除了基督教节日外只有犹太节日可以请假，其他宗教节日不行。全球最有钱的企业家中犹太人占比也奇高，比如，在 2010 年《福布斯》美国前 100 名富豪榜中，30 名是犹太人，远超其 2% 的人口占比！[③] 而在 2018 年《福布斯》全球 200 名首富榜中，犹太人占 38 名（19%）[④]，包括脸书创始人扎克伯格、"甲骨文"创始人埃里森、谷歌两位创始人，等等。在华尔街，高盛集团、雷曼兄弟、所罗门兄弟等这些熟悉的金融财团，都是犹太人创办并控制的，尤其是 1744 年后影响欧洲政治与经济的罗斯柴尔德家族，更把犹太人对国际金融的支配抬至新高。[⑤] 第二次世界大战以来，美国联邦储备银行主席也以犹太人为多数，最近三届主席——格林斯潘、伯南克、耶伦——均为犹太裔。

犹太人的影响力自然引起历史学者的持续关注，特别是随着大量历史资料的电子化，一些学者用量化方法去重新挖掘犹太人的历史经

[①] Dashefsky A, Sheskin I. (eds.) "World Jewish Population, 2016." *The American Jewish Year Book*. Dordrecht: Springer (2016).

[②] Brooks D. "The Tel Aviv Cluster." *The New York Times* (2010-1-11), p. A23.

[③] Granit K. "Jews Dominate Forbes Rich List." *Forbes* (2010-9-24). Read more: https://forward.com/schmooze/131574/jews-dominate-forbes-rich-list/.

[④] Gallindoss A. "Jews Make-Up 19% of Forbes 200 World's Richest List." *Jewish Business News* (2018-3-7).

[⑤] 关于罗斯柴尔德家族的介绍，见 Ferguson N. *The House of Rothschild (Volume 1): Money's Prophets: 1798-1848*. New York: Penguin Books (1998).

历，深化对犹太人遭遇和崛起的理解。在长达 2000 多年的历史中，犹太人到处被驱赶，纳粹希特勒时期更是推出"最终解决方案"清洗犹太人。①本文借助量化和传统历史研究方法，以犹太教和基督教对《旧约·申命记》的不同解读以及《新约》作为切入点，分析 16 世纪新教改革之前和之后的犹太遭遇。

二、犹太人教育的起源

犹太人历史至少始于公元前 1500 年，就在现在的以色列一带。在公元前 970 年，所罗门将北部的一些部落整合到一起，成立以色列王国，建立犹太人的"第一圣殿"（也叫"所罗门圣殿"），也开始发展犹太教——人类第一个"一神教"。但在公元前 722 年，亚述国打败以色列，迫使大批北方犹太人流放外地。到公元前 586 年，南部的犹太王国也被巴比伦（就是今天的伊拉克）攻占，最后导致第一圣殿被异族烧毁，让犹太民族受尽侮辱。在巴比伦统治下，大批犹太精英被赶出家园，搬往异国。70 年后，波斯帝国赶来击败巴比伦，把犹太人从巴比伦手里解放出来，然后支持犹太教的发展，帮助建造犹太人的"第二圣殿"。②

到公元前 63 年，犹太人又被罗马帝国征服，并成为罗马帝国的一部分。起初，犹太王国并不是由罗马帝国直接统治，而是先由马加比家族掌权，后由大希律王夺权，其间还扩建了"第二圣殿"。③但在大希律王去世后，罗马帝国直接统治以色列各地区。在罗马帝国统治期

---

① 参见 Johnson P M. *A History of the Jews*. New York: Harper Perennial (1987). 接下来关于犹太人历史的介绍，也主要来自该书。

② Johnson P M. *A History of the Jews*, New York: Harper Perennial (1987), pp. 69-78.

③ Goldenberg R. *The Origins of Judaism: From Canaan to the Rise of Islam*. Cambridge: Cambridge University Press (2007), p. 121.

间，罗马人与犹太人最大的冲突在于，前者信多神教而后者信一神教，双方都无法接受彼此的信仰。在公元 66 年，以色列多个地区发生饥荒，正如前文所述，此时容易爆发动乱；于是，犹太人发动起义，攻打罗马军队，史称"第一次犹太罗马战争"；可是，几年内，起义遭镇压，罗马士兵于公元 70 年烧毁"第二圣殿"[①]，将犹太人赶出耶路撒冷；虽然从古巴比伦时代犹太人就开始流亡，但罗马帝国对犹太起义的大镇压，才真正迫使犹太人大规模地流亡。在接下来的公元 2 世纪，罗马皇帝进一步压迫犹太教，并频繁遭到犹太人的反抗，致使更多杀害。从公元 135 年开始，罗马军队严禁犹太人进入耶路撒冷城。

应该说，犹太经历到这一步，还不是太独特，因为在那时的世界上，不同民族间时常兵戎相见，许多曾经的民族被他国消亡、驱散流浪。使犹太人与众不同的是，在公元 70 年第二圣殿被摧毁、犹太人被赶出耶路撒冷后，犹太教经历了重大改革，从注重教堂祭祀礼仪转型为注重自学《妥拉》[亦即犹太教的《圣经》，狭义是指《旧约》或摩西五经，广义指"塔纳赫"（Tannakh）25 部经书的全部]，要求所有犹太人自己研读《妥拉》，并且必须在每个儿子六七岁时就送去上学读书，确保他们长大后也能自己研习犹太教的《圣经》。这项改革带来两项重大变化：其一，把原来以不识字农民为主的犹太社群转变为文化人，包括识字能力因此提升，奠定重视教育的犹太传统，该传统延续今日。在当时，这项改革的价值不明显，但几个世纪后，犹太人成了人类第一个男人识字率几乎为 100% 的民族，高端人力资本优势无与伦比。比如，根据两位学者的量化估算，在中世纪的西欧，主要是修道院、教会神职人员会读书识字，以至于 1500 年时西欧多数社会的识字率不到 10%，远低于犹太群体。[②]其二，使犹太人具备从事贸易、金融和手工

---

① Goldenberg R. *The Origins of Judaism: From Canaan to the Rise of Islam.* Cambridge: Cambridge University Press (2007), pp. 124-130.

② Botticini M, Eckstein Z. *The Chosen Few: How Education Shaped Jewish History, 70-1492*, New Jersey: Princeton University Press (2012), pp. 109-110.

业的技能优势。在公元 650—1250 年,西欧和东欧的犹太人中 95%—99%从事手工、商贸与金融业务,在中东一带的犹太人也有近 90%从事这些非农产业。①

在第二圣殿被摧毁之前,绝大多数犹太人居住在古以色列一带。从公元 70 年大流散开始,到公元 6 世纪末,四分之三的犹太人转移到美索不达米亚和波斯一带生活,剩下的四分之一人口分散在罗马帝国的疆域,包括今天的意大利、西班牙和其他欧洲地区。但,到 6 世纪末,全球犹太人口只有 100 万—120 万②,欧洲人还没有处处感觉到犹太人的影响。

三、欧洲历史上为何反犹?

在第二圣殿被摧毁前,罗马士兵先是于公元 33 年在十字架上绞死耶稣。之后,耶稣的门徒在耶路撒冷推出基督教,拜耶稣为唯一神——基督,起初的《圣经》只有《旧约全书》或《旧约》。开始时人数很少,但由于基督徒受到犹太教挤压,并很快遭到罗马帝国的追杀,他们被不断驱散。在公元 313 年之前的两个多世纪里,基督徒的崇拜聚会只能躲在家里举行。后来,罗马帝国皇帝君士坦丁于公元 313 年颁布《米兰赦令》,接纳基督教,使其合法化。从此,基督徒的礼拜仪式从地下走向阳光,可以在教堂正式举行,这不仅增加教会的凝聚力,而且使教义的影响公开化。在政权与神权合一的罗马传统下,君士坦丁使基督教很快成为罗马帝国的国教,在帝国范围内全面强行推行,

---

① Botticini M, Eckstein Z. *The Chosen Few: How Education Shaped Jewish History, 70-1492*, New Jersey: Princeton University Press (2012), p. 34, table 1.5.

② Botticini M, Eckstein Z. *The Chosen Few: How Education Shaped Jewish History, 70-1492*, New Jersey: Princeton University Press (2012), pp. 3-4, chapter 1.

铲除异教。

当然，基督教往欧洲各地传播，等于把基督教对犹太人的憎恨也带去各地，包括基督徒认为犹太人当初没有善待他们的神——耶稣——以及针对有息借贷的不同立场。其中，成书于公元 4 世纪末的《新约》（基督教《圣经》的下卷），说：

"我知道你们是亚伯拉罕的子孙，你们却想要杀我。因为你们心里容不下我的道。……耶稣说，你们若是亚伯拉罕的儿子，就必行亚伯拉罕所行的事。我将在神那里所听见的真理，告诉了你们，现在你们却想要杀我。这不是亚伯拉罕所行的事。……耶稣说，倘若神是你们的父，你们就必爱我。因为我本是出于神，也是从神而来，并不是由着自己来，乃是他差我来。"（《新约·约翰福音》8：37—40）

其中，"我"指的是耶稣，而"你们"是犹太人。这里表述耶稣对犹太人的愤怒，指责犹太人要杀害他。研读到《约翰福音》这段话的基督徒会认为是犹太人杀害了他们的神。

《新约·马太福音》27：22 更是讲，巡抚彼拉多正在代表罗马帝国决定如何处罚耶稣，问在场的犹太群众："那称为基督的耶稣，我怎么办他呢？他们都说，把他钉十字架"，其中"他们"就是犹太群众。彼拉多觉得，"说也无济于事，反要生乱，就拿水在众人面前洗手，说，流这义人的血，罪不在我，你们承当吧。众人都回答说，他的血归到我们，和我们的子孙身上"（《新约·马太福音》27：24—25），这里"他"指的是耶稣、"众人"是犹太人。意思是，面对这么多犹太群众的呼喊，彼拉多只好决定叫罗马士兵把耶稣钉上十字架，自己用水洗洗手，表示害死耶稣不是他的责任；而犹太群众安慰他说：你不要担心，耶稣血的责任都由我们和我们子孙来承担。——反犹历史学者认为，在《新约》的所有内容中，《马太福音》的这段话最鼓励基督徒仇视犹太人，这段话带来了历史上最多的反犹暴力。[①]在公元 398 年,当基督教还处于发展时期,约翰一世作为君士坦丁堡主教,几次布道标题就是"反犹太人""论个子高矮"等,宣讲"犹太人之病"(the Jewish sickness),谴责犹太人为"恶魔""野兽""瘟疫";措辞激烈的语言加剧了基督徒对犹太人的偏见甚至仇恨。[②]至 5 世纪,狄奥多西一世颁布一系列法令迫害犹太人,规定他们不能拥有奴隶、不得新建犹太教堂,也不能担任公职;如果基督徒跟犹太人结婚或者改信犹太教,会被给予死罪,等等。

但是,到 12 世纪之前,基督徒对犹太人的仇视基本停留在教义层面,属于"宗教反犹"[③],并没变成暴力屠杀或驱赶行动。原因之一是,在基督教发展的前几世纪,犹太人还没形成处处可见的势力。其次,到中世纪前期,基督教会的影响在上升,但由于组织结构尚不严密,教会对犹太人的敌意还需时日才变成社会的普遍立场。

欧洲基督徒也因为《旧约》而憎恨犹太人。《旧约》是犹太教、基督教和伊斯兰教都敬重的教义,但解读各有区别。摩西作为犹太教的创始者,于公元前 13 世纪著写了《申命纪》和《出埃及纪》,这两本书后来都收入《旧约》。《旧约·出埃及纪》22:25—26 说:"我民中有贫穷人与你同住,你若借钱给他,不可如放债的向他取利。你即或拿邻舍的衣服作当头,必在日落以先归还他。"意思是,向邻居放债收息是不可以的。

《旧约·申命纪》23:20—21 说得更明确:"借给你兄弟银钱、食物,或任何能生利之物,你不可取利。对外方人(strangers)你可取利,

---

① Fredriksen P, Reinhartz A. *Jesus, Judaism, and Christian Anti-Judaism: Reading the New Testament After the Holocaust*. Louisville: Westminster John Knox Press (2002), p. 91.

② Mayer W, Allen P. *John Chrysostom: The Early Church Fathers*. London: Routledge (1999), p. 113, 146.

③ 现有的反犹历史文献中,把反犹行为分为基于教义的"宗教反犹"、基于经济利益的"利益反犹"或"经济反犹"、基于人种的"民族反犹"等。参见 Flannery E. *The Anguish of the Jews: Twenty-Three Centuries of Antisemitism*. New York: Paulist Press (2004).

对你兄弟却不可取利，好使上主你的天主在你要去占领的地上，祝福你进行的一切事业。"所以，《旧约》清楚地禁止有息放贷，只是把"兄弟"和"外方人"做区分：对兄弟"不可取息"，而对"外方人"可以取息。[1]但是，谁是兄弟，谁是外方人？

"外方人"成为关键所在。基督教认为只有敌人才是"外方人"、陌生人，对敌人榨取利息就类似没有硝烟的战争；而敌人之外的人，不论是否为基督徒，皆是兄弟姐妹，互相帮助是应该做的。因此，将多余的钱借出并收取利息，与手足原则相悖。然而，犹太教的解读与基督教大为不同；在犹太教看来，只有犹太人才是兄弟姐妹，而非犹太人都是《旧约》中说的陌生人，亦即"外方人"。

这个解读之差改写了过去近 2000 年的世界历史，因为这意味着犹太人给犹太人放贷时不可收息[2]，但对非犹太人可以合法收息。由于金融从本质上是"用钱赚钱"的生意，不能收息等于基督徒在伦理道德上不能从事金融业务，而犹太人却没有这种宗教障碍。于是，一直到16 世纪新教改革以前，在欧洲，基本只有犹太人能合法从事金融业务；也因此引发了各种其他经济、社会、政治与历史问题。

在《圣经》之外，亚里士多德（公元前 384—前 322）关于有息放贷的论述也深深影响了欧洲人对犹太人的态度。在经典著作《政治学》中，亚里士多德论述"钱的生意"为何是反自然的：有息放贷"不再从交易过程中牟利，而是从作为交易的中介的钱币身上取得私利。为了交易的方便，人们引用了货币，而钱商竟然强使金钱进行增殖"，这种做法无异于强使父亲怀孕生子，因此，"在致富的各种方法中，

---

[1] 本段中引用的《申命纪》言论，如无特别注明，均转引自 Reda A. *Prophecy, Piety, and Profits: A Conceptual and Comparative History of Islamic Economic Thought*. Palgrave Macmillan (2017).

[2] 见 Rosenthal G. *Banking and Finance among Jews in Renaissance Italy*. New York: Bloch Publishing Company (1962), pp. 43-49. 另外，参见 Johnson P M. *A History of the Jews*. New York: Harper Perennial (1987), pp. 173-177.

钱贷确实是最不合乎自然的"。①也就是，货币的发明只是为了交易的方便，其自然属性不包含生育力，而钱商却要用钱生钱，这当然违背其自然属性，因此，有息放贷是最不道德的赚钱方式，应当禁止。相比之下，土地让人类、动物、植物生于其上，所以，出租土地收地租符合自然；同理，出租房屋收房租也没问题。《圣经》和亚里士多德的论述作为西方经济思想的重要源头，大大影响了后来的欧洲社会与经济实践。

在早期的布道者中，第一位系统阐释《申命纪》23：20—21 中的"兄弟"与"外方人"的是圣安布罗斯（St. Ambrose），他在公元 374—397 年是米兰大教堂主教。他写道："神之法则禁止你在任何情况下从你兄弟收利息，而这里的'兄弟'指的是跟你一同共享自然的人、跟你共同继承神的恩典的人，有信仰并遵守罗马法律的所有人"；那么，谁是《申命纪》中的"外方人"呢？"你可以要求并收取利息的人，是那些你可以正当伤害、可以合法用武以对的人，是那些你在战场上无法战胜但想通过 1%利息去报复的人，是那些你把他们杀死也不犯法的人。有息放贷者是不用武器而作战的人：他通过收息来报复敌人。因此，那些可以发动正当战争的地方，也是可以做有息放贷的地方"。②如果说圣安布罗斯对有息放贷者的解释还稍微有些正面的话（毕竟，他们是在对付敌人），同时期的另一位主教——该撒利亚的圣巴西略（St. Basil）则说："那个叩门的有息债主，看着趴在他脚上的贫穷债户，使尽侮辱，满嘴脏话；他对人类同胞无丝毫怜悯之心；虔诚的祷告打动不了他；对他的恳求，得到的只是残酷回应；即使他自己流泪，也还

---

① ［古希腊］亚里士多德：《政治学》第一卷第九章，吴寿彭译，北京：商务印书馆，1965 年，第 149—150 页。

② 这两段文字译自 Benjamin Nelson 的书，圣安布罗斯的原文著作是 *De Tobia*，即 Nelson B. *The Idea of Usury: From Tribal Brotherhood to Universal Otherhood*, second edition. Chicago: University of Chicago Press (1969), p. 4.

是无动于衷。"①

在这两位主教的阐释之后，中世纪主教（Jacques de Vitry）评论道："上帝创造了三类人：农民和其他劳动者——以保证其他人有饭吃；骑士——以保护他们；神职人员——以管治他们。但是，魔鬼创造了第四类人，即有息放贷人。这些人不劳而获，他们不会被人惩罚，而是有恶魔等着他们！他们所收利息的多少，就是送去地狱烧他们的柴火量！"②公元 13 世纪的神学大师圣托马斯·阿奎那如此发挥："钱不会劳动，人会劳动。如果我们让钱代替我们来赚取更多的钱，我们就没有恰当领会上帝的意图。"③因此，作为基督徒，向任何人放贷取息都不可接受。而 16 世纪的马丁·路德（Martin Luther）对放贷人更是恨得"血淋淋"："在地球上，除了魔鬼以外，人类没有比有息放贷人更恶的敌人了，因为他希望自己是所有人的上帝……我们用马车拖死拦路强盗、杀人凶手、居屋窃贼，或者砍掉他们的头，那么，我们该如何更狠地用马车拖死、追捕、诅咒，砍所有的有息放贷人的头呢？"④

中世纪前期，就在基督教不断传播并强化其组织结构的同时，犹太人在忙于建立自己的金融业地位。首先，在第二圣殿沦陷后，流散到欧洲的犹太人不能在当地拥有土地，所以不能务农，只好留在城镇。而他们从那时开始强化教育，使犹太人比欧洲人更拥有从事商业的人力资本，掌握从事金融业的能力优势。其次，犹太教又不禁止对非犹太人的有息放贷，这使散布于基督教欧洲的犹太人成为可合法从事"用钱赚钱"生意的群体。就这样，基督教不断强化禁止有息放贷的过程，

---

① 引自 Tracy A W. "Usury in the Conflict of Laws: The Doctrine of the Lex Debitoris." *California Law Review* 55.1 (1967): 127.

② 引自 Le Goff J. *Your Money or your Life：Economy and Religion in the Middle Ages.* New York: Zone Books (1998), pp. 56-57. 该书的中文版：[法] 雅克·勒高夫：《钱袋与永生：中世纪的经济与宗教》，周嫄译，上海：上海人民出版社，2007 年。

③ 转引自 Long D S. *Divine Economy: Theology and the Market.* New York: Routledge (2000).

④ Johnson P M. *A History of the Jews.* New York: Harper Perennial (1987), p. 242.

实际是加速抬高犹太人金融地位的过程，使教会和国王更加有求于犹太人。[1]此外，教会为了防范基督徒从事有息放贷，也宁可鼓励犹太人多做金融，就如 13 世纪经院神学大师阿奎那主教所言：让犹太人去放贷，是"为了避免更大的邪恶"[2]!

于是，到 12—13 世纪，有息放贷、典当借贷就成为欧洲犹太人的主要职业，同时，犹太人也成了欧洲的主要金融家。[3]在当时的意大利、法国、德国、英国、西班牙等，都如此。那时候，约有 150 万犹太人生活在基督教欧洲。[4]

只有犹太人可从事有息放贷，而基督徒不可以，短期内这可行，但长此以往，必然带来严重后果。一方面，这抑制竞争，让犹太人独享金融利润，带给他们财富，这个局面一直持续到 16 世纪中期的新教改革；另一方面，这放大基督徒对犹太人的仇恨，给他们招致长久苦难。[5]原因在于，从普通大众到国王，都时有金融需求：个人和家庭可能"年有余但月不足"（管子语），需要"过桥贷款"；国王有时面对战争融资压力，如果融不到"救命钱"，王朝就会灭亡，或者为了发展本地经济，也需要资金支持；等等。公元 1084 年，德国斯派尔（Speyer）地区的主教就说："当我希望把斯派尔从一个乡村建成为城市的时候，我作为主教，就想道：如果我把犹太人引进来，我就能把我们城市的光景翻千倍！"[6]不过，也由于基督徒不能做有息放贷，欧洲统治者慢慢发展出跟犹太人的相互依赖关系：统治者承诺保护犹太人的安全，

① Johnson P M. *A History of the Jews*. New York: Harper Perennial (1987), p. 205.

② 引自 Becker S, Pascali L. "Religion, Division of Labor and Conflict: Anti-Semitism in Germany over 600 Years." forthcoming in *American Economic Review* (2019).

③ Botticini M, Eckstein Z. *The Chosen Few: How Education Shaped Jewish History, 70-1492*. New Jersey: Princeton University Press (2012), pp. 201-247.

④ Johnson P M. *A History of the Jews*, New York: Harper Perennial (1987), p. 164.

⑤ Robert W A, Noel D J, Mark K. "Jewish Persecutions and Weather Shocks: 1100–1800." *The Economic Journal* 127.602 (2017): 924-958.

⑥ Chazan R. *Reassessing Jewish Life in Medieval Europe*. Cambridge: Cambridge University Press (2010), p. 101.

而犹太人帮统治者解决融资问题,自愿作前者的"提款机"。[1]可是,这些局面难以维持长久,因为不管是普通人还是君王,当他们借到钱时,会心有感激,但,还钱时无人高兴,就跟过去的中国和其他社会一样。所以,在基督教本来就骂"犹太人之病"的背景下,欧洲社会对犹太人开始只是仇恨,后来加上实际利益关系后,就转变为暴力迫害和驱赶犹太人,变成"利益反犹"。

以法国为例,从中世纪初期开始,居民和国王经常得到犹太人的金融支持;但后来,跟犹太社群的关系不断恶化,迫害犹太人的事件时有发生。早在公元629年,国王就要求把所有不愿改为基督徒的犹太人驱逐出境;在1009—1065年,几位法国国王分别下令将犹太人强行转变成基督徒,否则也将其驱逐出境或致死[2],但到那时为止,还主要是宗教反犹。1181年3月14日,新国王飞利浦·奥古斯都一上任就下令抓捕犹太人并没收他们的钱财,次年干脆限制他们在三个月内离境,这是因利益而反犹的开始。可是,把犹太人驱逐出境后,法国社会不能再得到金融服务,王室也少了通过威胁即可勒索钱财的对象。于是,1198年,国王奥古斯都又把犹太人召回巴黎等地,并把他们的金融业务和财产保护起来,条件是他们必须从政府得到放贷许可证、就放贷和贸易所得给朝廷交税,也必须接受政府的利率监管,这等于将犹太人变成国王的摇钱树。[3]13世纪初期,路易九世为法国国王,他坚守天主教教规,禁止有息放贷,也下令要求各封建主签字承诺不指

---

① Salo W B. *A Social and Religious History of the Jews*, Volume 12. New York: Columbia University Press (1967), pp. 198-199.

② Golb N. *The Jews in Medieval Normandy: A Social and Intellectual History*. Cambridge: Cambridge University Press (1998).

③ Golb N. *The Jews in Medieval Normandy: A social and Intellectual History*. Cambridge: Cambridge University Press (1998). 正如 Baron 所说,"很多犹太人和基督徒都清楚,犹太人之所以在西方国土上被接受,除了宗教教义原因外,就是统治者看到可以从他们身上捞很多油水",见 Salo W B. *A Social and Religious History of the Jews*, Volume 12. New York: Columbia University Press (1967), p. 198.

使任何犹太人从事有息放贷；1234 年，他下令免除所有人欠犹太人债务的三分之一；1243 年，路易九世又下令把所有做过有息放贷的犹太人驱逐出境，并没收其财产。1306 年，国王路易十世再下令驱逐，把近 10 万犹太人赶出法国，由王室吞没他们的财产；但 9 年后，因为需要犹太人的金融服务，又再次把他们召回，反复无常。之后，在 1321年、1396 年，法国继续发令驱赶犹太人出境。[①]

英国的情况类似，在犹太人被迫害两个多世纪后，国王爱德华一世于 1290 年下令，将所有犹太人从英格兰、威尔斯驱逐出境，之后英国基本看不到犹太人。该驱逐令一直生效到 1657 年才废弃。1421 年奥地利驱逐犹太人。1492 年，西班牙大规模驱赶，迫使 16.5 万犹太人离境、5 万被迫改信基督教。[②]1496 年，葡萄牙也加入驱赶犹太人的行列。德国、匈牙利、意大利等社会，在 14—16 世纪都曾多次驱赶犹太人。图 1 标示出欧洲各国驱赶犹太人的年份及犹太人流亡方向。

四、暴力反犹的驱动因素

当然，《约翰福音》《马太福音》和其他教义对犹太人的负面宣传，加上犹太人可有息放贷而基督徒不可，这两大因素在 1000 多年里培植了基督徒对犹太人的仇恨。那么，在什么情况下仇恨会演变成暴力呢？或者说，为什么对犹太人的暴力迫害会在某些地区、某些时期频繁发生呢？这些都是近年量化历史研究所回答的问题。前面谈到，1306 年法国驱赶犹太人后，1315 年又召回，条件是他们重回法国后，必须给国王提供金融借贷和财政服务。可是，接下来，1315—1321 年欧洲持

---

① Rist R. *Popes and Jews, 1095-1291*. Oxford: Oxford University Press (2016), p. 67.

② Smith R M. *Spain, A Modern History*. Ann Arbor: The University of Michigan Press (1965), p. 125.

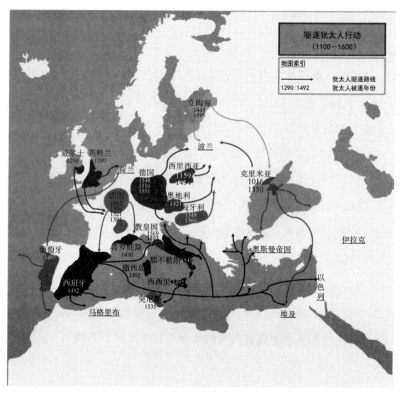

图 1　欧洲各国驱逐犹太人的年份及犹太人流亡方向示意图

续寒冷，干旱严重，粮产歉收，给欧洲带来严重的生存危机。[①]遭灾之际，欧洲人四处为不幸寻找替罪羊，犹太人便成为最方便的目标。在法国，长期饥荒使民怨不断积累，到 1320 年爆发"牧民运动"（Pastoureaux movement），牧民先是攻占巴黎、诺曼底一带的城堡，接下来暴力扩散到法国南部十几个地区；各地的负债者唆使其他基督徒攻击犹太人，夺取他们的食物钱财，说灾荒全是犹太人所致。巴贝尔教授总结道："那次牧民运动的暴力多半都落在犹太人身上，因为人们

① 关于法国的这段经历，引自 Robert W A, Noel D J, Mark K. "Jewish Persecutions and Weather Shocks: 1100–1800." *The Economic Journal* 127.602 (2017), pp. 924-958.

把长期饥荒带来的灾难，全部归结为犹太人的错！"[1]

密歇根大学的安德森等三位教授把 1100—1800 年发生的 1366 次反犹事件汇集在一起[2]，研究驱动暴力反犹的共同因素，样本涵盖 936 个基督教地区。他们发现，气候变冷带来的灾荒是催化反犹暴力的主因之一：过去五年里耕种时期的平均气温每多下降一个均方差（相当于 0.3 度），当年出现反犹暴力的概率比平时高 1—1.5 倍。当然，这不是为反犹行为辩护，而是说，仇视态度在一般条件下未必变成暴力行为；可是，如果气温变冷，一般会伴随干旱，造成粮食歉收，引发饥荒，威胁一般人的生存。他们也发现，气候灾害引发反犹的现象在政府能力弱的地区尤其显著，因为这些地区的政府不能保护犹太人，社会治安更差。也正因为这个原因，他们进一步的量化分析表明，12—18 世纪末的这七百年间，随着欧洲市场的跨地区整合程度的上升、金融创新带来的风险规避能力的改善、国家能力的进步，气候灾害时期的暴力反犹频率在逐步下降。这些研究也印证了本文的基本论断：暴力频率的高低是人类社会应对风险能力强弱的"晴雨表"。

不过，12 世纪以来的基督徒反犹暴力到底主要是《新约》教义所致，即宗教反犹，还是《旧约》带来的犹太人独控放贷业务所致，即利益反犹呢？贝克尔与帕斯卡里的量化研究可以帮助我们解答[3]，这两位教授收集并研究了 2000 多个德国城镇在 1300—1900 年的反犹事件。那 600 年里德国的经历很特殊，因为在 1517 年以前的两个多世纪里，德国各地都信天主教，都不能从事有息放贷，只有犹太人可以提供金融。但是，1517 年德国牧师马丁·路德发起新教改革，推出新教派（也

---

① 这段经历的更多细节，Barber M. "The Pastoureaux of 1320." *The Journal of Ecclesiastical History* 32.2 (1981): 144-166.

② Robert W A, Noel D J, Mark K. "Jewish Persecutions and Weather Shocks: 1100–1800." *The Economic Journal* 127.602 (2017): 924-958.

③ Becker S, Pascali L. "Religion, Division of Labor and Conflict: Anti-Semitism in Germany over 600 Years." forthcoming in *American Economic Review* (2019).

叫清教；到今天，有时"基督教"是指"新教"，以区分于"天主教"）；结果，德国各地被分成两个阵营：南部城镇基本选择继续跟随罗马天主教，而北部城镇多选择新教。新教改革带来两项突出举措：一是允许教徒从事有息放贷，"用钱赚钱"既不违法，也不违德；二是鼓励教徒自己识字读书，以便自读《圣经》、直接与上帝对话（这一点跟公元70年第二圣殿被摧毁后的犹太教改革类似），而不是像以前通过罗马教廷，由牧师解读《圣经》或代表教徒与神对话。所以，接受新教的德国地区内，新教徒在技能上跟犹太人成为接近：他们不仅可合法从事金融业务，而且通过自己读书学习，也很快成为掌握金融从业所需才能的高端人才。这意味着，在新教地区内，新教徒跟犹太人之间在事业上出现直接竞争，变成利益冲突关系。

相比之下，1517年后继续紧跟天主教的地区，因教会加码禁止有息放贷，把有息放贷等同"谋财害命"，强化对违规放贷的惩罚，于是，天主教徒对犹太人金融服务的依赖增强了。也就是，天主教徒跟犹太人之间的经济互补关系反而得以加强。由此看，如果中世纪的反犹暴力主要是利益冲突所致（亦即，利益反犹），那么，改革后，新教地区的反犹次数应该高于天主教地区。贝克尔与帕斯卡里的量化分析发现：虽然1517年前两类德国地区都有过屠杀犹太人的暴力行为，但是，在改革后，新教地区的反犹暴力显然比天主教地区增加更多。即使去掉各地区的地理、历史和其他因素，这一结论仍然显著成立。他们也发现，在那些金融历来由犹太人控制的地区，或者贸易发达故而金融业务量大的地区（这些地区的金融利益大），新教改革后的反犹频率尤其上升更快。这说明，解除基督徒从事有息放贷的禁令后，新教徒与犹太人之间新出现的利益竞争关系，推高他们之间的冲突，使暴力反犹更频繁。

当然，新教地区比天主教地区更加反犹，有两种可能的解释：一种是因为新教改革使基督徒与犹太人的关系从专业互补走向专业竞争，即利益反犹；另一种解释则与此相反，也就是，因为基督徒在新教改革之前不能从事金融，必须依靠犹太金融。所以，即使《新约·马太福音》促使基督徒仇视犹太人，他们还是因利益所需而抑制对犹太人的仇视。但是，改革之后，新教徒自己也能从事金融了，不再依赖犹太金融，于是，因教义而对犹太人的仇恨得以突出，反犹暴力上升。换言之，前一种解释是基于利益冲突，后一种解释是基于教义观念，是宗教反犹。

为了分清哪一解释更接近现实，贝克尔与帕斯卡里汇总了 1450—1600 年德国各地出版发行的书籍名称，发现：改革后，在新教地区，书名用语明显反犹的图书数量和占比都比天主教地区增加更多。这说明，基督徒可以做有息放贷后，连反犹观念也得以恶化，利益冲突是反犹观念恶化、反犹暴力上升的主要催化剂。从这些量化历史研究结果看，虽然《新约·马太福音》等教义培植了对犹太人的仇视，但，宗教仇视从中世纪初到 11 世纪并没有给欧洲带来广泛的反犹暴力。在那之后，基督徒积累了给犹太债主还债的长久经历，认为自己长期被犹太人"剥削"，憎恨之心得以膨胀，从 12 世纪开始，因利益而反犹的暴力广泛出现。从这个意义讲，中世纪后半期以及新教改革以来的反犹暴力的蔓延，主要起因可能源于基督教和犹太教对《申命纪》中"外方人"的不同解读①，是这个不同解读造成了长达近 1500 年的"犹太人可以有息放贷但基督徒不可以"的历史，犹太人在这么多世纪里积累了独一无二的金融业务优势，这个优势持续到今日。

---

① 不过，这个结论还是需要进一步研究。首先，因为伊斯兰《古兰经》也禁止信徒作有息放贷，所以穆斯林也依赖犹太金融，但是他们并没有在中世纪尤其黑死病期间大范围屠杀犹太人；其次，美第奇银行于 1397 年在佛罗伦萨创立，后来的近百年里发展迅速，为美第奇家族带来巨额财富，但是，意大利人并没有因美第奇家族从事放贷等金融业务而迫害、攻打他们。这些事实说明，反犹暴力应该是宗教教义和利益冲突两类因素的综合作用所致。相关讨论，也可参见 D'Acunto F, Prokopczuck M, Weber M. "Historical Antisemitism, Ethnic Specialization, and Financial Development." *Review of Economic Studies* (2018), forthcoming.

五、反犹历史的长久影响

近 2000 年前基督教出现，并很快与犹太教对立，造成了中世纪的反犹历史，而那些反犹暴力又在相当程度上影响了后来的世界历史。沃特兰德与沃斯注意到[①]，20 世纪 30 年代纳粹党和希特勒在德国兴起的过程中，并非德国所有地区都支持。那么，为什么有的地方坚定地支持纳粹，其他地方不强烈支持，甚至反对纳粹呢？为了回答这个问题，这两位教授收集了德国 400 多个城镇在中世纪和 1920—1945 年的量化数据，包括反犹暴力、人口、投票结果等信息。他们尤其聚焦 1348—1350 年席卷欧洲的黑死病时期，那次瘟疫导致至少三分之一的欧洲人死亡，人们当时把责任都怪罪于犹太人，说是犹太人往井里放毒才夺走如此多人命，于是，许多地方发生屠杀犹太人的事件。沃特兰德与沃斯分析后，发现：1348—1350 年黑死病期间屠杀过犹太人的城镇，相隔近 600 年后，在 20 世纪 20 年代也更倾向于迫害犹太人（此期间，这些城镇迫害犹太人的频率比黑死病期间没有害过犹太人的地方高出 5 倍多），1928 年选举时纳粹党在这些城镇的得票率比其他地方高 1.5 倍。在希特勒掌权的 20 世纪 30 年代，这些地方进一步驱赶的犹太人数比其他城镇多很多。纳粹发动的第二次世界大战显然是人类 20 世纪最黑暗的经历，现代世界就这样走不出 600 年前或说 2000 年前留下的烙印。基于"义"解决人际跨期互助的安排本能地排斥基于货币的金融市场，禁止教徒发展借贷金融，但"义"缺乏足够激励，基督徒还是需要依靠犹太金融解决跨期交换问题，于是，就有了至今还摆不脱的欧洲历史。

沃特兰德与沃斯也发现，通商城市的"历史记忆"就低。尤其是，

[①] Nico V, Hans-Joachim V. "Persecution Perpetuated: The Medieval Origins of Anti-Semitic Violence in Nazi Germany." *The Quarterly Journal of Economics* 127.3 (2012): 1339-1392.

即使一个城镇在黑死病期间屠杀过犹太人，如果在 1750 年后跟外地商业往来快速增长，那么，这个城市在 20 世纪的反犹倾向就会弱很多：对外开放，贸易往来，可以使一个社会变得宽容，削弱族群间的仇恨。因此，市场整合度的提升帮助降低暴力。

达昆托等三位教授也是利用黑死病期间德国各地的反犹暴力数据 [1]，但研究反犹历史的另一类长久影响，即多年屠杀过犹太人的地方是否后来更会排斥金融。就如《尚书大传·大战》言"爱人者，兼其屋上之乌"，即"爱屋及乌"，其反义是"恨屋及乌"。到中世纪中期，欧洲人已经把犹太人跟金融画上等号。那么，欧洲人是否会因为恨犹太人，进而仇视或怀疑金融呢？达昆托等的量化研究发现：中世纪屠杀过犹太人的德国地区以及 20 世纪 20 年代、30 年代迫害过犹太人的县，它们今天的金融业就落后于没有屠杀过犹太人的地区，这些县的家庭储蓄投资中，投入股票、债券、银行储蓄品种的资金占比就更少，他们利用住房按揭贷款买房子的概率也更低。从这三位教授的问卷调查看，那些屠杀过犹太人的德国地区，今天对金融产品的信任度显著低于其他地区。所以，因为过去仇恨犹太人，到今天仍然连犹太人最擅长的金融也排斥！根据《纽约时报》2019 年 5 月 21 日的报道，德国的反犹言行至今仍然时有发生，犹太人不敢轻易告诉别人自己的犹太身份，否则会遇到歧视或更糟。[2]

历史烙印影响当今意大利的方式跟德国不太相同。帕斯卡里教授发现 [3]，中世纪有犹太人居住并在当时发展过借贷金融的意大利地区，

---

[1] D'Acunto F, Prokopczuck M, Weber M. "Historical Antisemitism, Ethnic Specialization, and Financial Development." *Review of Economic Studies* (2018), forthcoming.

[2] Angelos J. "The New German Anti-Semitism." *The New York Times* (2019), May 21, 2019.

[3] 这项研究来自 Pascali, L. "Banks and Development: Jewish Communities in the Italian Renaissance and Current Economic Performance." *Review of Economics and Statistics* 98.1 (2016): 140-158. 另外，也可参考 D'Acunto F, Prokopczuck M, Weber M. "Historical antisemitism, Ethnic Specialization, and Financial Development." *Review of Economic Studies* (2018), forthcoming.

今天其金融发达度和人均收入都更高。而之所以犹太人留给意大利的长历史影响跟前面介绍的德国经历正好相反，并且至今还这么显著，其原因还要绕一两道弯。帕斯卡里教授讲道，14 世纪以前，犹太人已经控制了多数意大利地区的放贷业务并由此获得可观财富，他们的处境跟那些因连续不断的战争而越来越穷的天主教信众形成反差。以至于 15 世纪初的牧师——圣伯那丁诺·西耶纳（St. Bernardino da Siena, 1380—1444）——把放贷者比作吸血鬼，他布道说：

"通常而言，一旦财富和金钱集中在越来越少人的钱包中，那表示这个城市越来越病态了。这就好比人体热量都集中于内脏，而不是分散到手脚和身体其他部位，因为那表明这个人已经岌岌可危，不久将死去。如果说财富过于集中在几人手中会威胁社会健康的话，让钱财集中在犹太人手中就更可怕了！道理很简单，犹太人是所有基督徒的最大敌人，将城市的热量——也就是社会钱财——都流向已经脓肿的躯体，而不是流向社会的心腹——广大群众，那只会导致大出血，加速这座城市的死亡。"①

15 世纪末，意大利的圣方济各会到各地巡游，呼吁"停止有息放贷对城镇无休止的掠夺"，号召驱逐甚至杀死在当地经营放贷生意的犹太人，同时呼吁组建慈善性互助社银行，以低息向有需要的基督徒放款，借此取代犹太金融。在一个社区建立慈善互助银行后，一般会很快挤走犹太人。颇具讽刺色彩的是，由于这些互助社利息太低、经营不善，数年后，多数地区又把犹太人请回来，协助他们管理这些生意、发展金融。由此产生的结果是：越是在中世纪有犹太人兴办过放贷金融的地区，后来的互助社银行发展就越好，到今天，这些地区的民间信贷占 GDP 比重就越高，本地金融和经济就越发达，人均收入也越高。

---

① 引自 Pascali L, Jel O. "Banks and Development: Jewish Communities in the Italian Renaissance and Current Economic Performance." *Review of Economics and Statistics* 98.1 (2016)：footnote16.

基于帕斯卡里教授的量化研究，意大利的经历不仅再次证明了历史烙印的长久影响，而且说明赶走犹太人的方式不同，所带来的长久影响也大为不同。德国城镇是屠杀或直接赶走犹太人，留给这些地区的是今天继续对金融的恨；而意大利的一些地区是通过推出慈善金融机构跟犹太人竞争，由竞争挤走犹太人，结果是他们把犹太人的金融技能学过来，让这些地区今天的金融更发达、收入更高。

不只是今天的德国和意大利需要从长历史根源去理解，其他欧洲社会也一样。2009 年，美国犹太组织"反诽谤联盟"（Anti Defamation League）对英国、法国、西班牙、奥地利、波兰、匈牙利等国家的公民做问卷调查 [1]，这些社会在中世纪都多次迫害、驱赶过犹太人。结果发现，这些国家的反犹观念至今还很强。调查结论有些出乎意料，因为英国在 1290 年驱赶犹太人之后，一直到 1656 年之前，几乎没有犹太人居住、生活在那里，长达三个多世纪里不存在英国人被犹太人"剥削"的经历 [2]；而西班牙在 1492 年把犹太人几乎全部赶走之后，也没有犹太人在那里。但，这些都没有阻止一些英国人和西班牙人仇视犹太人，历史烙印难以消除。

经过中世纪近千年对犹太人的迫害、屠杀和驱赶，到 15 世纪末，全球犹太人口只剩 100 万左右，一半在西欧各地，近三分之一在中东、非洲和亚洲，9 万多在波兰、立陶宛和其他东欧国家。[3]沧海桑田，时移俗易。就在犹太人还被迫害、驱赶的时候，1492 年哥伦布发现了美洲大陆，这个"地理大发现"开启了世界大航海时代，跨国贸易从陆

---

① Anti-Defamation L. *Attitudes towards Jews in Seven European Countries*. New York: Anti- Defamation League (2009).

② Bernard G. [*Anti-Semitic Stereotypes without Jews: Images of the Jews in England, 1290-1700*. Detroit: Wayne State University Press (1975)]: "在将近四世纪之久，英国人几乎没有跟任何有血有肉的犹太人接触过。但他们还是觉得犹太人等同于恶魔，负有任何可以想到的罪行。"

③ Botticini M, Eckstein Z. *The Chosen Few: How Education Shaped Jewish History, 70-1492*. New Jersey: Princeton University Press (2012), p. 267.

路逐步转向海路。本来，金融借贷和商贸业务以前主要在本地进行，跨地区的交易量有限。可是，由于海运降低运输成本，提升货运容量和速度，增加运输距离，在大航海时代，经济交易的范围与距离都得以延伸，这就给世界带来持续多个世纪的第一波全球化时期。[1]随着跨国贸易和远距离金融的兴起，跨地区、跨国界的信任网络就变得非常重要。没有信得过的人，跨期垮地交易就没法做。那么，谁具有广泛的跨国信任网络、关系网络，谁就能得天独厚受益。于是，分散在世界各地的犹太网络和他们的职业专长就显得特别有价值，就像在现代中国，人脉网络成就了客家人、温州人一样。

在大航海时代之前，犹太人已经受苦受难 1500 多年，失去共同的家园，又到处被驱赶。这些经历强化了犹太人的共同纽带与身份认同，使他们之间的信任达到其他民族难以相比的程度。即使到今天，不管走到哪里，也不管以前是否相识，犹太人间的信任和兄弟情谊仍然独特。从这个意义讲，犹太人过去被不断暴力驱散，却意外地把他们的信任网络铺开到中东、欧洲、美洲各地。[2]

在中世纪，犹太人除了掌控金融借贷外[3]，也积累了独特的商贸人力资本优势，比如钻石、黄金、香料、兽皮、烟草、奴隶等商品的运输和买卖。从 16 世纪开始，部分犹太人选择离开地中海和西北欧的港口城市，跨越大西洋，来到巴西、墨西哥、秘鲁等西班牙与葡萄牙的美洲殖民地，之后又扩展到荷兰、英国、法国在北美的殖民地，包括美国和加拿大，不断扩大连接新旧大陆的贸易与金融交易网络，从罗

---

① ［英］安格斯·麦迪森：《世界经济千年史》，伍晓鹰、许宪春、叶燕斐，等译，北京：北京大学出版社，2003 年。

② 关于中世纪犹太网络的变迁历程，见 Botticini M, Eckstein Z. *The Chosen Few: How Education Shaped Jewish History, 70-1492*. New Jersey: Princeton University Press (2012), chapter 7.

③ 关于中世纪后期犹太放贷业务的细节分析，参见 Botticini M, Eckstein Z. *The Chosen Few: How Education Shaped Jewish History, 70-1492*. New Jersey: Princeton University Press (2012), chapter 8.

马、威尼斯、米兰、阿姆斯特丹、伦敦、巴黎、法兰克福、苏黎世、波尔多,到纽约、波士顿、苏里南、库拉索、巴巴多斯、牙买加、圣保罗等,到处是犹太人的关系网,强化他们从事金融全球化和贸易全球化的便利,进一步提升他们在全球化时代的优势。就这样,大航海时代开启以来的五个世纪里,犹太人必须从小读书的宗教传统,加上金融与商贸从业优势,以及遍及世界的关系网络,让他们虽然占世界人口比例极低,但给人类知识、科技、金融、商业和政治的贡献却巨大。

六、客家人与犹太人的经历对比

我们也可从中国客家人的经历理解犹太人的成就,因为在很多方面客家人的经历跟犹太人相似。客家人的祖先从中原逃难到南方,都为汉族人,而如今在海内外商界、学界和政界,都不乏成功的客家人。中国历史上有过几次逃难南方的大迁徙。第一次是公元4世纪西晋"五胡乱华"时期。当时,西晋首都洛阳沦陷,部分中原居民为了避难,逃往闽粤赣边区。接下来,由于南北对峙,有更多中原人南迁。那段时期大约有90万北方人南移,是第一波客家人。第二波南迁发生在中唐至"五代十国"时期。先是唐代"安史之乱",给北方百姓带来灾难,迫使很多人南逃。到唐末黄巢起义以及"五代十国",战争不断,大批中原人又被迫南逃。在那次长达两百年的时间里,南逃的难民数超过第一波,在百万以上。第三波南迁发生在1127年北宋沦陷之后。当时,为了对抗辽国,宋朝军队于1121年跟金人联合、进攻辽军,并于1125年胜利。但紧接着,金人掉转箭头,攻打宋王朝。两年后北宋沦陷,迫使赵家南逃,一同逃命的有500万左右的中原人,分别奔向粤闽湘赣浙等地方。①后来的明末清初战乱、太平天国运动，也进一步导致客家人流散，包括"湖广填四川"，甚至一些客家人迁往南亚，作为劳工往马来西亚、美国、巴拿马、巴西等移民。②到 1994 年，在国内生活的客家人有 6108 万人，占汉族人口的 5%；在海外，大约有 454 万客家人分布在 80 多个国家和地区。③

当然，客家人祖先因逃难而离开家园，不是因宗教或者种族歧视被驱赶。但，逃难带给他们类似犹太人的经历。在 2015 年香港科技大学白营的博士学位论文中④，他利用北宋沦陷后大逃难人口在南方各地落户的地理分布数据，研究发现：北方难民落户人数比较多的地区（也就是后来客家人比较多的州府），到 2000 年时的人均 GDP 和夜晚灯光明亮程度都更高，平均受教育年数也高。为什么将近 900 年前的难民在南方各地的分布对这些地区今天的收入高低还影响显著呢？为了找到答案，白营花几年时间收集历史资料，量化分析发现，这跟明朝朱元璋重用科举考试选拔官员的决策关系很大。因为科举成为普通人最主要的升官发财、出人头地的途径后，客家人比当地人更有必要依靠科举胜出。

就像在笔者的湖南茶陵县老家一样，除非新来村里的人能证明某位祖先出自本村，他现在回来认祖，否则，本地人不会允许一位外方人在村里拥有土地并且世世代代落户于此。外方人来村里做客几天甚至几个月，也许可以。但是，如果要待更久，村里人会组织起来把他赶走；如果他还不走，就会动用暴力。这就是为什么客家人一般被赶

---

① 参见 Bai Y. "Economic Legacies of North-to-South Migration in China during 1127-1130." PhD Dissertation at Hong Kong University of Science and Technology (2015).

② 吴松弟：《中国移民史·辽宋金元时期》第 4 卷，福州：福建人民出版社，1997 年。

③ 钟声宏、黄德权：《中国大陆客家人居的空间分布及群体的特质》，《广西民族研究》2007 年第 4 期。

④ Bai Y. "Economic Legacies of North-to-South Migration in China during 1127-1130." PhD Dissertation at Hong Kong University of Science and Technology (2015).

到以前无人住的山上落户，而且即使在不适合耕种或居住的山上，客家人还是经常被驱赶，导致客家和当地人之间的血腥械斗历史。特别是 19 世纪咸丰、同治年间，广东鹤山等地发生持续多年的大规模土客械斗，死伤人数数十万。[①]也正因为这个原因，客家人不仅一般住高山上，而且通过修建碉堡式土楼，用于防卫。

那么，客家人怎么才能让当地人接受并获得安居乐业的永久权利呢？他们发现，让子孙读书、考中举人进士是最靠得住的出路！一旦客家人有子孙中举人、中进士并做官，他们的社会地位就自然得到提升巩固，不会再被驱赶，这是在当地站稳脚跟的主要办法。而且，既然客家人难以得到耕地，他们就不得不重视经商、从事跨地区贸易和金融。因此，至少从南宋开始，客家人比其他汉族更重视子孙读书、具有高级人力资本，重视商业——这两方面跟公元 70 年第二圣殿被摧毁之后的犹太人做法完全一样，尽管起因不同。长此以往，到 800 多年后的今天，仍然是在客家人比较多的地区，私塾数量、平均受教育水平和人力资本都高于其他地区，那里出来的成功者、科学家、工程师和富商也更多。

因此，从我们熟悉的客家人经历看到，2000 多年前开始，犹太人因宗教教义不同而被不断驱赶，选择通过读书和经商获得生计，并出人头地、安居乐业。结果是，到今天，在北美、南美和欧洲，虽然犹太人口占比很低，但他们不仅主导金融世界，而且在学界、思想界、商界和政界也实力非凡。

---

① 刘平：《被遗忘的战争——咸丰同治年间广东土客大械斗研究》，第一章、第五章，北京：商务印书馆，2003 年。

七、结束语

由于近年各国都加快了历史档案的数据库化，使各种历史资料在互联网上即可方便且便宜地得到，这使量化历史研究的机会越来越多，可以用历史大数据研究的课题快速增加。正如笔者在《量化历史研究与新知识革命——以财富差距与消费差距的历史研究为例》一文谈到的 ①，电脑革命带来的互联网革命正在改变历史研究的范式，使许多历史话题能基于历史大数据做严谨系统的研究，而不再只是基于人脑能处理的个案分析，由此扩大并提升关于人类历史的各种知识。

从本文看到，德国、以色列等国的历史档案的数字化进展较快，这就为量化历史学者对犹太人历史、德国历史的深入研究提供了前所未有的机会。这些学者的细化研究不仅拓展我们对犹太人苦难与崛起历史的理解，也加深我们对欧洲反犹文化尤其德国第二次世界大战行为长历史根源的了解。

A Review of Quantitative Research on Jewish History

Zhiwu Chen

With the advance of powerful and low-cost computers, governments and research institutions started to digitize historical archives in the 1990s. Soon thereafter, those vast historical databases were made conveniently and cheaply accessible through the Internet. This Internet revolution has

---

① 陈志武：《量化历史研究与新知识革命——以财富差距与消费差距的历史研究为例》，《北京大学学报（哲学社会科学版）》2018 年第 55 卷第 4 期，第 114—128 页。

brought changes to historical research, allowing researchers to investigate a wide range of history topics using Big Data. For example, over the past two decades, quantitative historians have taken advantage of the newly digitized historical archives in Germany, Israel and Italy to conduct unprecedented research on Jewish and German history. As this review shows, these new studies not only enrich our understanding of the history of the Jews, but also deepen our knowledge of the history of financial development.

Keywords: Jewish history, quantitative research, financial development

历史中的金融泡沫：破裂的频率、破裂后的发展及投资者对市场崩盘的心理

William Goetzmann

摘要：由于金融泡沫数量稀缺，通过长历史时段研究金融泡沫便显得尤为重要。然而在过往的个案研究中，学者主要关注金融资产在连续涨价后暴跌——泡沫破裂的案例，而忽略了大量继续健康发展的金融资产的情况。戈兹曼教授通过收集全球各大股市近百年的数据后指出，金融资产连续涨价后的暴跌仅为个别的案例，在历史的多数时期，金融市场短期内的繁荣并不会导致大跌或泡沫破裂。

金融资产在大跌之后的发展情况同样为学者所关注。由于股灾等金融危机对于投资者巨大的冲击力，研究危机过后金融市场的反应对于客观认识股灾的影响具有启示性作用。通过比较全球101个股市价格变动的数据，作者发现当股市经历巨大跌幅后，反而会在后期伴随更高的增长和回报，即存在"反向泡沫"的现象；而较小的下跌并不会引发价格反弹。戈兹曼教授指出，"反向泡沫"的现象并不能通过现有的金融机构负债、宏观经济变化、政治冲

突及数据上的幸存者偏差等理论解释，而或应归因于市场投资者的心理变化等因素。

因此最后，戈兹曼教授将注意力集中到市场投资者心理变化及其影响因素上，通过调查问卷的方式发现投资者对于市场崩盘的预期远高于同时期市场真正大跌的概率。他指出，这种悲观情绪是媒体的负面报道和投资者对最近的切身灾难的联想共同塑造的。

关键词：金融史；金融危机；金融泡沫；定量分析

一、金融市场的涨价和泡沫

学界对于金融史的认识与历史上金融市场的极端变动紧密相关。例如，发生在 20 世纪 90 年代的美国互联网泡沫通常被与 20 世纪 20 年代美国股市价格的暴跌进行比较；2008 年金融危机也频繁被过往有关金融泡沫的理论解释。金融泡沫与泡沫破裂，即市场在投资者乐观情绪下经历连续涨价后产生的暴跌，是金融史研究的长期中心之一。

在年会及相关的研究中，戈兹曼教授首先对于学界熟知的几次金融泡沫的演进及成因进行了回顾。首先他指出历史上第一次金融泡沫实际上成型于规模化的股市交易前。Jenks（2010）通过研究德国的采矿业史发现，在 15 世纪末的矿业投资中已经普遍存在对矿产份额（kuxe）的交易。由于矿业开采的市场回报具有高度的风险性，矿产份额的市场价格便会随着市场对矿产产出预期等因素上下波动。新教改革的先驱者马丁·路德在被赠送 4 kuxe 后便批评说："我不需要这些份额！我是不会通过市场投机来赚钱的！"

类似地，在 1502 年，即哥伦布即将完成他人生最后一次航行之时，他表示希望自己的儿子可以用他的遗产来买入 Casa di San Giorgio 公司的市场份额。他观察后声称"这家公司将会产生 6%的年利率，且增长十分安全"。这家被哥伦布赏识的公司其实是一家拥有并管理着与政府资产合同相关的金融机构，机构的股份与其常年为投资者派发的股息在市场上被广泛交易。图 1 展示了这家公司的股份价格波动与实际的产出。从现代回溯性的眼光来看，股份价格在 1602 年的剧烈上涨和实际产出的下跌符合我们对资产泡沫的理解。但意外的是，泡沫本身并未在短期内破裂，资产市值相反持续维持在高水平，直到 1683 年，即泡沫产生的 80 年后才回落到原有价格。

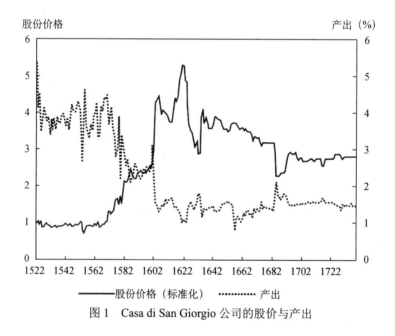

图 1　Casa di San Giorgio 公司的股价与产出

虽然 Casa di San Giorgio 公司具有现代泡沫的典型特征，但作者指出，在资产股份的早期历史中，股份价格和实际产出之间反向波动的情况并不常见。Le Bris et al.（2014）的研究就发现，Bazacle Milling

Company of Toulouse 公司在 1530 年到 1946 年的 400 余年历史中的股份价格持续贴近其实际产出的变化而波动。换句话说，从现代对泡沫的理解回溯来看早期人类的金融产品，泡沫并不是一件普遍存在的现象。

历史上第一个影响巨大的股市泡沫产生于法国。18 世纪早期，密西西比公司独创性地合并了一家拥有独立印发货币权力的银行与一家拥有海外贸易特许经营权的公司。由于公司巨大的利润前景，密西西比公司的股份价格在 1719—1720 年的短短一年内上涨了十倍有余。但随后由于公司股价在 1720 年春时转为与流通货币的价格挂钩，民众大量挤兑股份并引发恐慌，密西西比泡沫在同期破裂。

同样在 1720 年，伦敦的南海泡沫和荷兰的泡沫产生并迅速破裂。作者在与 Frehen，Goetzmann 和 Rouwenhorst（2013）合著的一篇重要论文中指出，南海泡沫产生的原因并非学者普遍认为的南海公司自身的资产泡沫化，而是由于 1720 年在伦敦颁布的"泡沫令"首先使得保险公司，尤其是伦敦保险和皇家交易保险的股票价格大幅下跌，随后才扩散到更大的贸易公司与银行。市场恐慌随后扩散到荷兰，冲击了荷兰东印度公司和一些初创公司的股价。

在回顾了这些经典的泡沫破裂的案例后，戈兹曼创见性地指出，过往大量对金融泡沫负面案例的研究其实对市场投资者和政策制定者具有误导性。在面对市场的乐观情绪和短期内的大涨时，由于对金融泡沫破裂的警惕，投资决策者往往不能做出理性的判断。因此，基于历史大数据对金融市场短期内的繁荣和产生泡沫破裂的情况进行整体的考量，对于认识金融市场的涨价和泡沫尤为重要。

二、金融泡沫破裂的历史频率

为研究全球范围内市场短期内大幅变动的情况，戈兹曼利用了五种金融市场的长期数据。第一，Dimson，Marsh 和 Staunton 曾构建横跨 21 国、自 1900 至 2014 年的股票市场的数据库（后称 DMS），作者利用这些数据计算了资产的总实际回报率，并转化为统一的美元标准。第二，Jorion 和 Goetzmann 通过国际联盟（LofN）存储的自 1919 年起各国的股市指数和联合国（UN）与国际金融公司（IFC）收集的资产报价建立了 JG 数据库，作者随后将其与 DMS 合并，以获得更完整连贯的资产回报的数据。第三，作者收集了国际金融中心（ICF）和上海证券交易所（SSE）的市值数据，并将其用美元结算。第四，作者运用现存于 Morningstar EnCorr 数据库的 Financial Times Stock Exchange（FTSE）的数据，与 JG 和 ICF 进行比较修正。通过这五种金融市场的数据，作者在表 1 中展示了长时间段内全球 41 个国家股市回报率的概况。

随后，作者对金融泡沫，即金融资产在大幅涨价后又大幅下跌的经济现象进行了数学上的定义，以期在数据库中筛选出可做研究的具体数据。表 2 首先对"大幅涨价"进行了两种定义：①在一年之内资产市值上升至少 100%；②在三年之内资产市值上升至少 100%。在第二种定义下，20 世纪 20 年代和 20 世纪 90 年代美国的经济泡沫能够被囊括在数据分析中。表 2 其次对"大幅下跌"同样采取了两种定义方式：①在大幅涨价后的次年跌价超过 50%；②在大幅涨价后的五年内跌幅超过 50%。作者指出，对于金融泡沫的定义实际上有多种方式，例如"价格—实际收益比率"就是常见的定义泡沫的方式之一。然而由于收益红利、经济基本面的数据的缺失，这一类定义方式难以用长

表 1 全球各国的股市资产回报率概览

国家	数据来源	时期	均值	标准差	最大值	最小值	国家	数据来源	时期	均值	标准差	最大值	最小值
澳大利亚	DMS	1900—2014	0.13	0.24	1.07	-0.53	印度	JG&FTSE	1940—2014	0.07	0.28	1.01	-0.65
奥地利	DMS	1900—2014	0.09	0.39	2.00	-0.69	巴基斯坦	JG&FTSE	1961—2014	0.08	0.34	1.22	-0.75
比利时	DMS	1900—2014	0.09	0.26	1.28	-0.50	菲律宾	JG&FTSE	1955—2014	0.13	0.87	6.21	-0.63
加拿大	DMS	1900—2014	0.11	0.20	0.72	-0.46	阿根廷	JG&FTSE	1948—2014	0.19	0.92	4.55	-0.86
丹麦	DMS	1900—2014	0.11	0.24	1.06	-0.50	巴西	JG&FTSE	1952—2014	0.19	0.60	2.32	-0.69
芬兰	DMS	1900—2014	0.13	0.34	1.28	-0.72	智利	JG&FTSE	1928—2014	0.12	0.39	1.18	-0.53
法国	DMS	1900—2014	0.10	0.29	1.07	-0.73	哥伦比亚	JG&FTSE	1937—2014	0.08	0.39	1.88	-0.55
德国	DMS	1900—2014	0.18	0.80	7.00	-0.79	墨西哥	JG&FTSE	1935—2014	0.14	0.37	1.15	-0.79
爱尔兰	DMS	1900—2014	0.10	0.26	1.10	-0.67	秘鲁	JG&FTSE	1942—1977, 1989—2014	0.11	0.44	2.23	-0.71
意大利	DMS	1900—2014	0.10	0.34	1.52	-0.62	乌拉圭	JG&FTSE	1937—1943	0.10	0.21	0.32	-0.26
日本	DMS	1900—2014	0.13	0.33	1.32	-0.92	委内瑞拉	JG&FTSE	1938—2007	0.08	0.55	3.90	-0.76
荷兰	DMS	1900—2014	0.11	0.25	1.30	-0.63	捷克	JG&FTSE	1920—1944, 1995—2014	0.08	0.36	1.13	-1.00
新西兰	DMS	1900—2014	0.12	0.26	1.40	-0.50	希腊	JG&FTSE	1930—1939, 1998—2004	0.14	0.60	2.74	-0.67
挪威	DMS	1900—2014	0.12	0.32	1.84	-0.63	匈牙利	JG&FTSE	1926—1940, 1995—2004	0.10	0.44	1.05	-1.00

续表

国家	数据来源	时期	均值	标准差	最大值	最小值	国家	数据来源	时期	均值	标准差	最大值	最小值
葡萄牙	DMS	1900—2014	0.14	0.44	2.05	-0.74	波兰	JG&FTSE	1922—1938, 1993—2014	0.24	1.25	7.45	-1.00
南非	DMS	1900—2014	0.13	0.30	1.86	-0.43	罗马尼亚	JG&FTSE	1938—1940, 2006—2014	-0.08	0.43	0.54	-1.00
西班牙	DMS	1900—2014	0.10	0.28	1.51	-0.50	埃及	JG&FTSE	1938—1961, 1995—2014	0.17	0.48	1.54	-0.54
瑞典	DMS	1900—2014	0.12	0.25	0.72	-0.54	以色列	JG&FTSE	1951—2014	0.13	0.35	0.86	-0.70
瑞士	DMS	1900—2014	0.10	0.21	1.04	-0.35	中国	ICF&FTSE	1900—1940, 1994—2014	0.04	0.31	1.20	-1.00
英国	DMS	1900—2014	0.11	0.24	1.12	-0.50	俄罗斯	ICF&IFC	1900—1913, 1998—2014	0.17	0.67	2.85	-1.00
美国	DMS	1900—2014	0.13	0.20	0.63	-0.44							

历史数据研究。而采用泡沫的表征特性，以及"大幅涨价—大幅下跌"的现象，不失为对泡沫进行定义的可行方案。

表 2 股市在短期内经历大幅上涨后一年及五年后的市值情况

面板 A：一年内价格实际增长超过 100%

	$T=0$ 计数/个	计数/个	$T+1$ 条件制约 频率/%	非条件制约 频率/%	计数/个	$T+5$ 条件制约 频率/%	非条件制约 频率/%
市场年份的总数量	3387	3308		100	3122	—	
市值翻番		68	—	2.06	803	—	25.72
市值减半	84	73	—	2.21	197	—	6.31
超过 100% 实际价格增长的年份总数量	72	72		2.13	72		2.13
市值翻番		6	8.33	0.18	19	26.39	0.56
市值减半		3	4.17	0.09	11	15.28	0.32

面板 B：三年内价格实际增长超过 100%

	$T=0$ 计数/个	计数/个	$T+1$ 条件制约频率/%	非条件制约 频率/%	计数/个	$T+5$ 条件制约 频率/%	非条件制约 频率/%
市场年份的总数量	3271	3186		100	3200	—	
市值翻番		70		2.20	788	—	25.90
市值减半		74	—	2.32	192	—	6.31
三年内超过 100%实际价格增长的年份总数量	460	460		14.06	451		13.79
市值翻番		17	3.70	0.52	98	21.73	3.00
市值减半		21	4.57	0.64	47	10.42	1.44

表 2 报告了两种泡沫的定义下的数据结果。面板 A 展示了市场年份的总数、市值翻番与减半的总计数，以及在约束性条件"一年内价格实际增长超过 100%"下市值翻番与减半的总计数。例如，面板 A 的第一列表示数据库中共有总计 3387 个市场年份，其中 72 个收益在一年内收益超过 100%，84 个收益跌幅超过 50%。由于部分市场缺失连

续两年的资产数据，第二列中市场年份数量减至 3308 个，这其中约有 2%的年份市场回报率超过 100%。在"市值翻番"一列中，面板 A 将 72 个收益回报率超过 100%的年份作为约束条件，计算得出股价市值在 次年继续翻倍的概率为 8.33%，远高于整体 2.06%的比例。同样的，在 增长条件的约束下，次年减半的可能性为 4.17%，接近于未受条件约束 下的 2.21%的概率的两倍。换句话说，在加入了"短期内大幅增长"这 一制约条件后，资产在接下来的一年内继续翻倍或大幅下跌的概率都 较整体情况更高。

表 2 的结果同样表明，短期内金融增长需要更长的时间来影响未 来的市值变化。在"T+5"一列中，一方面一年内超过 100%市值增长 的股市中有 15.28%在接下来的 5 年内市值缩水到原有水平（T=0）的 一半以下；另一方面有 26.39%的市场增长再次翻番或更多。这意味着，市场在经历了一年内涨幅超过 100%的暴涨后，五年时间内再次大幅上 涨的频率远高于大幅缩水的频率（26.39%>15.28%）。值得注意的是，在经历了一年内超过 100%的增长后，五年内市场暴跌的概率确实高于 没有此制约条件下的概率；而两者在市场再次翻倍的概率上基本接近。市场的短期暴涨因此确实增加了暴跌的可能性。不过，表 2 的结果同 样显示暴涨对于暴跌的影响实际上相对较小。例如，短期暴涨仅将一 年后暴跌的可能性从 2.21%提升到 4.17%，而将五年后暴跌的可能性从 6.31%提升到 15.28%，而剩余大部分的暴涨都没有经历作者定义下的 暴跌——这些继续健康发展的金融资产才是金融市场的主要组成部 分。即使在第二种"大幅涨价"的定义下，面板 B 所产生的结果仍与 A 相似。

从长时段、大数据的角度出发，认识金融资产短期大幅上涨和随 之可能出现的泡沫破裂，对于投资者来说具有重要启示。戈兹曼教授 的研究强调，认识那些在历史上实际占多数的、未破裂的泡沫，与认 识那些灾难性的破裂泡沫同样重要。因为泡沫破裂的较低概率，当投资者和市场的管理者将过多资源放在如何避免泡沫而非承担合理风险时，投资者自身与市场的长期发展反而因此蒙受损失。例如，如果投资者担忧短期内资产价格的过快上涨会引致短期内的暴跌而选择在1603 年抛售 Casa di San Giorgio 的股份，则将错过接下来持续长达 20 年的市值上涨。投资者需要一直等到 80 年后公司市值下跌到原有水平以下时，才能证明当初规避风险的决定是正确的。另外，对于市场的管理者来说，泡沫破裂的低概率需要让决策更加谨慎。如果短期内的市值上行主要由于市场对新兴技术的投资，则管理者在比较未来可能的生产力提升和金融风险前，需要着重考虑泡沫的具体成因及其破裂的历史低概率。

三、金融泡沫破裂后的发展——持续下跌或逆向反弹

在理清了长历史时间段里金融泡沫破裂的稀缺性后，戈兹曼教授将注意力重新放到了那些破裂的泡沫本身上。但不同于其他研究金融泡沫的学者，他并没有着重探究泡沫破裂的成因，而是对这些金融资产破裂后的发展情况做了定量的分析。Goetzmann, Kim 和 Shiller（2016）的调查研究指出，2017 年的个体投资者估计未来六个月内股市会发生灾难性下跌的可能性为 20%；投资者对股灾普遍怀有较高的恐惧心理使得金融研究者回答"市场下跌后究竟会如何发展"这一问题显得尤为必要。出于此问题意识，戈兹曼教授对长历史时间段内全球市场在发生大幅下跌后的反应做了一个全面的分析。

戈兹曼选取了两种反映全球股市价格变化的数据。首先，报告了世界 101 个股市每月资本回报率的 Global Financial Data（下称 GFD）。GFD 收集了各类金融资产报价的资料，其中最早的报价可以追溯到1700 年，因此上文提到过的英国南海泡沫同样被囊括在数据库中。作

者指出，之所以利用每月报价，是因为其包含的股灾信息数量更大。例如，发生在 1987 年的股灾是美国市场历史上最大规模的股市短期下跌，然而从 1987 年整体来看，其跌幅并不明显。GFD 同样报告了股息产出的数据，不过只有少量的股市拥有完整的数据资料。其次，作者再次选取了 Jorion 和 Goetzmann 在 1999 年构建的 JG 数据，对 GFD 数据进行扩充和比较。虽然 JG 只统计了年均的回报率，然而对于历史数据而言，额外的数据源比较无疑会对主要分析数据的准确性提供帮助。最后，由于市场下跌后的发展情况受大量变量的影响，为使报告具有更为准确的回归结果，作者从 Barro 和 Ursua（2017, 2010）的研究中获得了 1870—2008 年的经济萧条的具体日期、实际 GDP 等相关信息；从 Jordà，Schularick 和 Taylor（2017）的研究中获得了通货膨胀、信用额度、金融危机具体日期的数据；从 International Crisis Behavior Project 中获得了国内政治冲突的信息。

接着，作者对经历了市场下跌后的各国股市指数进行了交叉分析。首先，股灾按照严重程度被分成了六种情况，即在一年内跌幅超过 50%、超过 40%、超过 30%、超过 20%、超过 10% 及 0%；其次，股灾后的情况按照时间段分成了 12 个月内、24 个月内和 36 个月内三种情况。这种交叉分析使得研究能够较为直观地反映是变动温和抑或剧烈的股灾会带来更大的跌幅或反弹。表 3 展示了股灾后 12 个月内资产回报与过去一年股灾的跌幅之间的交叉联系。

表 3　股灾后 12 个月内资产回报与过去一年内股灾的跌幅

资产回报 $s_{t+1,t+12}$ $t-11,t$ 间的下跌幅度	个数/个	(−100%, −50%)	(−100%, −25%)	(−100%, −10%)	(−100%, 0%)	(0%, +∞)	(+10%, +∞)	(+25%, +∞)	(+50%, +∞)	(+100%, +∞)
$R_{t-11,t}<0$	26 681	1.8%	11.3%	31.6%	52.4%	47.3%	30.1%	15.1%	5.8%	1.4%
$R_{t-11,t}<-10\%$	16 190	2.3%	14.0%	34.5%	52.9%	46.9%	31.5%	17.1%	6.9%	1.7%
$R_{t-11,t}<-20\%$	8 549	3.1%	16.6%	36.2%	51.7%	48.1%	35.0%	21.2%	9.3%	2.2%
$R_{t-11,t}<-30\%$	4 170	4.5%	18.8%	36.4%	48.6%	51.1%	40.6%	27.0%	13.4%	3.4%
$R_{t-11,t}<-40\%$	2 030	6.4%	19.3%	34.2%	44.1%	55.6%	47.3%	34.9%	19.3%	5.9%
$R_{t-11,t}<-50\%$	1 032	9.3%	21.6%	32.8%	40.2%	59.4%	51.7%	40.6%	25.5%	9.6%

在表 3 中，左侧第一列表示市场在过去一年中（$t-11$，t）的跌幅，跌幅按照上述标准分为六种情况；第二列则报告了六种情况下各自的频数。由于分类情况使得各个组别有重叠，所以频数自上而下依次减小。例如数据库报告了 26 681 个在过去一年间下跌的数据点，其中 16 190 个下跌幅度在 10%内，1032 个下跌幅度则在 50%以上。上数第一行则表示了下跌后的一年中（$t+1$，$t+12$）市场的发展情况，从继续下跌 100%到 50%到上涨 100%以上共分为 9 种情况，各个情况间亦有重叠。数据的核心百分比部分报告的则是在左侧条件制约下的频率。

表 3 展现了本研究最为重要的一个结论，即过去一年内市场跌幅越大，市场在随后的一年内获得的价格反弹反而越高。具体而言，在过去一年下跌的市场中，超过一半的市场在接下来的一年里继续下跌；然而当统计过去一年下跌超过 50%的市场时，仅有 40%的市场在接下来的一年里继续下跌，其余超过 60%的案例获得了增长。尤其值得注意的是，在所有此类市场里，将近四分之一获得了超过 50%的增长，远高于总体 5.8%的概率。表 3 结果同样显示，在金融市场经历较大跌幅后，未来一年内的波动情况更为多样。这种情况与跌幅较大的市场的不稳定性有关。

交叉比较虽然直观，但是缺乏对于其他相关变量的控制。因此在表 4 中作者加入了一系列上文数据收集时获得的控制变量，并将 12 月内、24 月内及 36 月内的资产回报情况纳入了总体比较。回归结果仍然证实了上述的结论，即市场在短期内的大幅下跌通常会伴随着迅速的反弹——作者称之为"反向泡沫"，而短期内小幅的下跌往往伴随着进一步的下跌。不过值得注意的是，在短期内大幅下跌后，市场在 25—36 个月后的反应仍然是负面的，即短期的大幅下跌仍然可能提升长期下跌的可能性。

表4　市场过去一年下跌幅度对未来资产回报情况的回归分析

回归模型　资产回报 下跌情况	(1) $[t+1,t+12]$	(2) $[t+1,t+24]$	(3) $[t+1,t+36]$	(4) $[t+13,t+24]$	(5) $[t+25,t+36]$
$I(0>R_{t-11,t}\geqslant-10\%)$	−0.062***	−0.025***	−0.012**	0.012	0.009
	(−6.84)	(−3.63)	(−2.41)	(1.15)	(1.05)
$I(-10\%>R_{t-11,t}\geqslant-20\%)$	−0.083***	−0.036***	−0.014**	0.011	0.025**
	(−6.95)	(−3.85)	(−2.16)	(0.78)	(2.13)
$I(-20\%>R_{t-11,t}\geqslant-30\%)$	−0.093***	−0.046***	−0.022***	−0.001	0.020
	(−6.40)	(−4.14)	(−2.67)	(−0.03)	(1.33)
$I(-30\%>R_{t-11,t}\geqslant-40\%)$	−0.089***	−0.057***	−0.039***	−0.035	−0.011
	(−3.96)	(−3.53)	(−3.41)	(−1.48)	(−0.54)
$I(-40\%>R_{t-11,t}\geqslant-50\%)$	−0.034	−0.043	−0.038**	−0.048*	−0.034
	(−0.84)	(−1.54)	(−2.54)	(−1.68)	(−0.97)
$I(-50\%>R_{t-11,t}\geqslant-100\%)$	0.140**	0.014	−0.039*	−0.040	−0.122**
	(2.10)	(0.37)	(−1.67)	(−0.91)	(−2.43)
控制变量	是	是	是	是	是
国家与日期固定效应	是	是	是	是	是
N	58 442 个	58 442 个	58 442 个	56 962 个	55 545 个
R^2	18.01%	19.85%	18.27%	17.91%	18.03%

注：***$p<0.01$；**$p<0.05$；*$p<0.1$

　　总的来说，各国市场的大数据呈现出了两种模式。其一，市场在短期内经历巨幅震荡，尤其是超过 50%的下跌后，反而拥有更高反弹的可能性，且反弹获得的平均收益比起短期内经历增长后次年获得的收益高 14%。其二，当市场在短期内经历小幅下跌，尤其是低于 40%的下跌后，市场在接下来的一到三年内更可能经历进一步的下行，且一年内下行的规模达 6%—9%。简而言之，市场小幅下跌更可能迎来进一步下跌，而大幅下跌往往伴随"反向泡沫"式的回弹。

四、反向泡沫的成因

　　对于市场在经历震荡后产生的反应，学界主要有以下几种解释。首先是金融机构。Muir（2017）在研究了 140 年历史中全球 14 个金融市场后，发现资产价格在金融危机发生前后往往伴随着 V 字形的变化，即在金融危机爆发触底后又会经历反弹。他指出，这一模式并非由于消费短期下跌或其他宏观经济冲击，而是由于金融机构短期内的过度负债。由于金融机构总体上能够在一定时间段内缓解负债情况，因此资产市场价格的触底往往伴随迅速反弹（Brunnermeier and Pederson, 2008; Geanakoplos, 2010; Gromb and Vayanos, 2009）。Coval 和 Stafford（2007）在记录了对冲基金公司面临大量资金外流前后的情况后，同样证实了此类现象。简而言之，银行与套利者在过度负债时往往通过转卖资产来降低风险；而当资产价格大量抛售下跌时，负债过多的银行又会收缩套利者的信用额度，使得短期内出现资产价格触底的情况。

戈兹曼指出，如果这一解释成立，则金融机构的整体债务情况与市场在大跌后出现的结果应该具有相关性。作者认为，如果某一时间段内金融市场经历了全球范围内的下跌，金融机构和套利者的普遍债务预期会较高，在这一情况下，股市短期内的下行应当在后期观察到更加强劲的反弹。作者因此在回归分析中引入了全球股市回报率这一限制性条件，将数据重新分为同期全球回报率较低与回报率较高两组，但是并未发现与上述回归结果显著的差异。换句话说，金融机构的负债情况并不足以解释本研究中出现的反向泡沫的现象。

其次可能的解释是宏观经济基本面的变化。支持这一观点的学者认为资产价格的波动随着影响经济基本面的因素，如利润、风险等变量变化，反向泡沫即由这些经济基本面的变化驱动。由于本研究缺失这些更加具体和深层的经济数据，作者利用了诸代理变量，如 GDP 一年内的变化额、消费品价格指数一年内的变化额、是否存在金融危机的虚拟变量、债务与 GDP 比率在一年内的变化额等作为经济基本面的反映，重新进行了回归分析。结果并未产生显著的差异。宏观经济基本面同样无法在实证层面解释反向泡沫。

第三个可能的因素是政治冲突。政治冲突很可能与宏观市场的剧烈变动、股市的下行等时间重叠。例如，Berkman et al.（2011）就发现在国内发生政治冲突时，股票等市场往往产生负回报；但是一旦政治冲突得到解决，市场重新回到稳定，就可能产生"反向泡沫"的情况。为了确定政治冲突是否确实导致了反向泡沫，作者利用 International Crisis Behavior project 的数据，将"冲突始""冲突中"和"冲突末"作为虚拟变量加入回归中。回归结果显示政治冲突同样不能很好地解释市场在大幅下跌后的回弹现象。

最后作者检验了原数据是否存在幸存者偏差的问题，即市场在经历大幅下跌后，继续下跌的资产随即退出市场，只有经历了迅速反弹的案例被囊括在了现代重新构建的数据库中。为回应这一问题，戈兹曼利用了上文提到的 JG 数据库。由于 JG 数据是由国际联盟、联合国及国际金融公司在各自所处时代实时记录的，这很大程度上避免了回溯性的数据幸存者偏差。作者在对 JG 数据进行分析后，发现得到的结果仍然与 GFD 相类似。幸存者偏差同样不是反向泡沫的主因。

戈兹曼教授最后指出，在现有的普遍理论均不能很好地解释反向泡沫的情况下，投资者的心理变化和行为学逻辑或许能够成为此现象的主因。如 Shiller（2000）就指出，投资者在面对最初小幅下跌后投资信心丧失而持续抛售，导致下跌幅度不断加剧，造成最终的大幅下跌。但一旦最初的下跌幅度过大时，投资者对于抄底的信心便会提升，因此引起反向泡沫的现象。

五、投资者对市场崩盘的心理及成因

由于在上述研究中，戈兹曼教授的研究团队最终将市场变动归因于投资者的心理变化及行为学逻辑。在其最近的一份研究中，他便着重探讨了投资者对于市场崩盘的心理预期，以及导致这些预期的具体因素。戈兹曼通过调查问卷的方式发现投资者对于市场崩盘的预期远高于同时期市场真正大跌的概率，且两者相关性并不高。而这些悲观情绪与媒体的负面报道，以及投资者对最近的切身灾难的联想紧密相关。

在数据收集上，戈兹曼教授与 Robert Shiller 合作，后者自 1989 年起便连续发布调查问卷，询问市场投资者对于市场未来崩盘可能性的看法，问题如下：

> 你认为在接下来的 6 个月内，美国股市由于自身原因，或被其他经济体波及而发生类似 1929 年 10 月 28 日、1987 年 10 月 19 日那样剧烈的崩盘的可能性有多大？
>
> 在美国发生的可能性：____%。

调查问卷每年发布一次，受访者包括投资个人和投资机构两类。图 2 展示了两类受访者每一年对市场崩盘预期的均值及市场实际波动的情况。在 1989—2015 的 26 年间，所有受访者对于市场崩盘预期的平均值达到了 19%，远高于市场实际崩盘的不足 2% 的情况。作者认为，从调查所见的市场普遍悲观情绪与市场真实表现之间的差异来看，投资者对于崩盘的预期并非反映他们对风险规避的真实心态，而是对于极端情形的最坏估计。

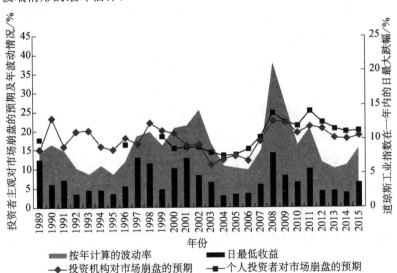

图 2　1989—2015 年投资者的崩盘预期和市场的真实波动情况

为进一步探究投资者之所以对市场预期较差的原因，戈兹曼提出了两点假说。其一，媒体的报道用词会直接影响投资者对于市场极端崩盘的预期。媒体报道对于公众心理变化的影响其实十分常见，不只在金融领域，媒体对公众心态的潜在塑造也同样存在于政治选举、民族关系等领域。其二，投资者在考虑金融市场的表现时，会自觉联想最近发生的灾难性事件，而对于市场预期产生非理性的估计。戈兹曼指出，这种被称为 availability heuristic（可得性联想）的心理通常会让个体在面对一件独立事件时，不自觉地回想近期发生的类似事件，并被类似事件影响对未来的判断。如在面对自然灾害后，个体面对未来的不确定事件会由于灾难记忆而更加感到害怕、焦虑，更易被突发情况惊动，出现呼吸急促、颤抖等症状。尤其值得注意的是，这类灾难记忆会让人产生失控感，这类失控感可能投射到投资行为中，让个体产生非理性的崩盘预期。

为验证这两点假说，作者首先对媒体报道的信息及用词进行了大范围筛选。首先，戈兹曼在 ProQuest 数据库中存储的华尔街日报文章中，筛选出了与股市有关的文章。除去少于 250 词的短文，26 年内共计有 133 496 篇关于股市的报道。接着，作者将 2291 个词语标为负面词汇，将 1915 个词语标为正面词汇，构建了（正面-负面词汇）/（正面词汇+负面词汇）这一新变量，并用其衡量媒体报道的情绪性成分。回归结果显示，当报道的负面情绪加强时，同年市场投资者对于市场崩盘的预期会显著提高；但报道的正面情绪对投资者的心理预期并不会产生显著影响。值得注意的是，媒体报道与投资者心态仅存在于个体投资者之中，对投资机构来说，或许由于更加客观的判断，媒体报道并不显著影响其对于市场未来走势的评估。作者最后发现，当把这些报道中情绪性成分最高的 10%的报道取出单独进行回归分析，回归系数产生了显著的提升。这意味着媒体报道中的主观成分，确实影响着个体投资者对于未来市场崩盘的心理预期。

而为了验证第二个假设，戈兹曼教授构建了一个巧妙的变量。由于"自觉联想最近发生的灾难性事件"这一心态非常主观，直接验证因果性将会十分困难，作者运用了地震数据作为代理变量，对其与市场预期进行回归检验。具体来说，作者将最近发生在受访者方圆 30 英里（1 英里≈1.6 千米）内的中等地震（2.5<震级<5.5）进行了统计，并将其作为虚拟变量进行回归。由于中等大小的地震本身与经济基本面等没有直接联系，如果地震发生与否与投资者市场预期间确实存在显著联系，则这种联系只能通过"灾难性联想"这一主观心态实现。当然，为了排除地震确实造成了市场动荡的情形，作者引入了较大地震（震级>5.5）的控制变量。回归结果显示，地震这一类灾难性事件确实影响着个体投资者的市场心态，且影响为显著负面。与媒体报道相似，灾难性事件的联想对投资机构并不会造成显著的影响。

六、结　语

戈兹曼教授本次带来的研究集中于金融泡沫在历史中的表现，以及投资者对于包含泡沫破裂在内的市场崩盘的心理情况。这其中有对历史中泡沫产生频率及泡沫破裂后的发展走向的客观再测算，也有对于投资者心态等市场主观因素的巧妙研究。这些研究的启示至少是两方面的。

第一，定性研究通常重视对历史重大事件的梳理，如分析社会革命的成因、金融危机的结果等，却可能忽略了历史的整体面貌。例如，金融危机往往带有灾难性，但市场短期内的爆发性增长在多数时候却并不会带来金融危机和泡沫破裂。稳定与增长才是市场在长时段历史中的普遍状态。考虑到定性研究可能存在的这一侧重点问题,在金融史的研究中引入定量方法便能够较好弥补这一缺陷。正如第一篇研究关于市场爆发式增长和泡沫破裂的历史频率测算所展示的那样,我们通常在市场短期大涨的同时产生大跌的恐惧心理并不被长历史的经验支持。因此利用新的历史大数据,能够纠正我们对于某些问题的看法。正因历史数据的重要性,戈兹曼教授在他的研究中展示了他在数据收集上的用心。在第一份研究中,他利用了多达五类的金融报告来构建长时段、连续的历史数据;在第二份研究中,他同样运用不同的历史资料来强化数据解释力。大胆的数据收集与小心的后期比对,是我们能够从他的研究中体会并学习的。

第二,在金融投资中,危机或许就是转机。正如社会研究中常常见到的"回归现象",市场大跌本身可能蕴含转而走高的可能。而解释这些现象,除去金融学中常见的客观因素,如市场基本面、金融机构负债率及政局稳定等外部因素,投资者的主观心态变化同样应该受到足够重视。虽然金融学在运用数学工具将各类因素可运算化的过程中,往往由于主观因素难以量化而少加考虑,但研究者并不应当放弃将主观因素运用代理变量纳入量化分析的可能性。戈兹曼教授在第三篇研究中展示的便是如何运用能够较易获得的地震灾害数据来量化投资者"可得性联想"的心态。这类尝试对其他的研究者具有方法论上的启发。在年会中,戈兹曼教授同样分享了第三份研究中的问卷调查在中国受访的部分结果。他指出,以往的金融史由于由欧美学者主导而集中于欧美市场,反而忽略了中国这一新近崛起的巨大市场。因此作为学习者,在阅读西欧及美国的研究报告时,如果能够同样思考中国的情形并进行比较研究,或许能够给金融史及其他研究带来更多的信息与启发。

授课老师简介：

威廉·戈兹曼是美国耶鲁大学金融管理学教授，耶鲁管理学院国际金融中心主任，以及美国国家经济研究局（NBER）研究员。在任职耶鲁大学之前，戈兹曼教授也曾在美国哈佛大学商学院、哥伦比亚大学商学院任教。他在 2006 年担任欧洲金融协会主席，以及 1999—2001 年美国金融协会董事会成员。

戈兹曼教授的研究方向主要为金融投资及金融史。他在多数主流金融新闻刊物及主要金融学术期刊中均曾发表论文，包括《金融杂志》《金融研究评论》《金融经济》《货币经济学杂志》等国际顶尖金融期刊。目前，他的研究主要集中在储蓄保险、金融史、信用风险及行为金融学。戈兹曼教授至今已出版七部著作，主要涉及金融史和金融理论。在 2016 年的最新著作《千年金融史——金融如何塑造文明：从 5000 年前到 21 世纪》中，戈兹曼教授描绘了一个被金融深刻影响的人类文明发展史。从美索不达米亚文明书写系统的创造、希腊和罗马文明的兴起到中华帝国的兴衰和欧洲商队的航海大发现，他系统地呈现了金融体系在人类历史的转折期所起的决定性作用。在描绘金融与人类发展的图景时，戈兹曼同样追根溯源，论述了我们通常认为只属于现代经济的股市、信用系统、金融产品及全球贸易如何在人类漫长的历史中不断前进与倒退，以至发展成为今天复杂的金融模式。戈兹曼教授认为，基于金融系统曾对人类文明的发展所起的巨大影响，金融同样具有解决当今世界不断膨胀的人口与恶化的老龄化问题的潜力。

整理人：蒋文灏，香港科技大学人文与社会科学学院

参考文献

Barro R J, Ursúa J F. 2010. "Barro-Ursúa Macroeconomic Data." *Research in Economics*.

Barro R J, Ursúa J F. 2017. "Stock-Market Crashes and Depressions." *Research in Economics*, 71 (3): 384-398.

Berkman H, Jacobsen B, Lee J B. 2011. "Time-Varying Rare Disaster Risk and Stock Returns." *Journal of Financial Economics*, 101 (2): 313-332.

Bris D L, Goetzmann W N, Pouget S. 2014. "Testing Asset Pricing Theory on Six Hundred Years of Stock Returns: Prices and Dividends for the Bazacle Company from 1372 to 1946." (No. w20199). *National Bureau of Economic Research*.

Brunnermeier M K, Pedersen L H. 2008. "Market Liquidity and Funding Liquidity." *The Review of Financial Studies*, 22 (6): 2201-2238.

Coval J, Stafford E. 2007. "Asset Fire Sales (and Purchases) in Equity Markets." *Journal of Financial Economics*, 86 (2): 479-512.

Dimson E, Marsh P, Staunton M. 2014. *Global Investment Returns Yearbook 2014*. Zurich: Credit Suisse Research Institute.

Frehen R G, Goetzmann W N, Rouwenhorst K G. 2013. *The Great Mirror of Folly: Finance, Culture, and the Crash of 1720*. London: Yale University Press.

Geanakoplos J. 2010. "The Leverage Cycle." *NBER Macroeconomics Annual*, 24 (1): 1-66.

Goetzmann W N. 2016. "Bubble Investing: Learning from History." *Research Foundation Publications*, 3:149-168.

Goetzmann W N, Kim D. 2017. "Negative Bbbles: What Hppens after A cash." *European Financial Management*, 24(2):171-191.

Goetzmann W N, Kim D, Shiller R J. 2016. "Crash Beliefs from Investor Surveys. " (No. w22143). *National Bureau of Economic Research*.

Gromb D, Vayanos D. 2009. "Financially Constrained Arbitrage and Cross-Market Contagion."*Work. Pap, INSEAD*.

Jenks S. 2010. "The First Bubble: Silver Mining in the Saxon Erzgebirge, c. 1470-1540." http://marienbergminerals.com/wp-content/uploads/2015/10/The_first_bubble.pdf)

Jordà Ò, Schularick M, Taylor A M. 2017. "Macrofinancial History and the New Business Cycle Facts. " *NBER Macroeconomics Annual*, 31 (1): 213-263.

Jorion P, Goetzmann W. N. 1999. "Global Stock Markets in the Twentieth Century." *The Journal of Finance*, 54 (3): 953-980.

Le Bris D L, Goetzmann W N, Pouget S. 2014. "Testing asset pricing theory on six hundred years of stock returns: Prices and dividends for the Bazacle company from 1372 to 1946 (No. w20199)". *National Bureau of Economic Research*.

Muir T. 2017. "Financial crises and risk premia." *The Quarterly Journal of Economics*, 132 (2), 765-809.

Shiller R. C. 2000. "Irrational Exuberance. " *Philosophy & Public Policy Quarterly*, 20 (1): 18-23.

Financial Bubbles in History: Crash Frequency, Market Development after Crash, and Crash Beliefs from Investors

William Goetzmann

Abstract: Due to the rare occurrence of financial bubbles, long-term history becomes an important source for studying bubbles. In previous qualitative research, however, scholars have excessively focused on the market crash that followed a large increase in market level, while neglects a large number of healthy assets after booms. Using a broad panel data of world equity markets extending from the beginning of the 20th century, Goetzmann finds that market crash was rare in history and market booms would not foreshadow bubble burst in most cases.

In addition to the bubble per se, scholars are also interested in what happened after bubble burst owing to its disastrous impact on investors. By comparing the price data of 101 global stock markets, Goetzmann discovers that extremely large, annual stock market declines are typically followed by positive returns, while smaller declines do not sharply rebound. This pattern, termed as "negative bubble" by the author, does not appear to be driven by such existing theories as institutional frictions, financial crises, macroeconomic shocks, political conflicts, or survivorship issues, but instead investors' crash beliefs.

Finally, Goetzmann focuses on the crash belief from investors and its market impact. According to the surveys of individual and institutional investors, Goetzmann reveals that investors assess the probability of market crash to be much higher than the market reality. Their pessimistic views are shaped by the biased media and exogenous shocks related to earthquakes.

Keywords: financial history, financial crisis, financial bubble, quantitative analysis

1919 年山东城市人口研究

——以《山东各县乡土调查录》为中心

曹树基

摘要： 本文利用多种资料，对《山东各县乡土调查录》进行校正，发现 20 世纪前 10 年每一山东商号，可以对应城市人口 90人。借此研究山东各县城镇人口，证明在现代交通没有产生影响的山东地区，一个县的城镇人口（ Y ）由一个县的总人口（ X ）来决定，即可以根据一个县的总人口，推算该县的城镇人口。在山东省，这一关系式为 $Y=0.05X+2.3$ ，或可推广至华北其他地区。

关键词： 山东；城市人口；商号

一、问题与资料

民国时期的城市人口研究之所以成为难题，主要在于记载太少，且不系统。最近，江伟涛别出心裁，以民国时期的军用地图为依据，采用 GIS 方法，测算各城镇面积，求解江南地区的城镇人口规模。[①]这

[①] 江伟涛：《近代江南城镇化水平新探——史料、方法与视角》，北京：社会科学文献出版社，2017 年。

一研究，打开了近代中国城镇人口的潜在数据库，为以后的深入研究开辟了新途径。然而，这并不意味着对于传统文献的发掘没有了空间。本文以民国时期的商号统计数据为基础，通过寻找商号与城镇人口的对应关系，求解城市人口。多年以前，包伟民曾采用这一方法，估算民国时期的江南市镇人口。[1]

林修竹《山东各县乡土调查录》（下文简称《调查录》），不仅记载了山东分县人口，还记载了各县主要市镇，以及 1915 年前后的各县商号数。各项数据的截止时间为 1919 年 4 月底。[2]有关商号的记载令人产生遐想：假定已知若干城市的商号数量，又知其人口数量，就能建立起商号与城镇人口之间的对应关系，进而求得各县的城镇人口。

需要特别说明的是，本文中的城市包括县城与县城之外的市镇，两者合计则称为城镇。在行文中，有时用"城区"来指称县城、府城、省城等行政城市或商埠；低于 0.1 万人口的墟、集则不计入。

林修竹在《例言》中说明了《调查录》的编撰体例：以县为纲，下分县境、县级、人口、田亩、赋税、民情、警察、教育、农业、工业、商业、矿业、会所、交通、山川、古迹、金石、宗教等 18 项，其中人口、工业、商业、交通等 4 项与城市人口相关。

关于人口，《调查录》称："人口数目，本编统以各县署呈报者为准。"各县呈报数据加总后形成的分府数据，比 1910 年普查数据为多。[3]因此，可以确定其数据来自 1919 年前。对于其中错误，可以采用 1953 年数据进行校正。[4]

关于工业，《调查录》分"工厂"与"普通工业"两项。"工厂"

---

① 包伟民主编：《江南市镇及其近代命运：1840—1949》，北京：知识出版社，1998 年，第 267 页。
② 林修竹编：《山东各县乡土调查录》，山东省长公署教育科印行，1919 年。
③ 王士达：《民政部户口调查及各家估计·附录》，《社会科学杂志》抽印合订本，1932—1933 年。
④ 国家统计局人口统计司编：《中国人口统计年鉴：1988》，北京：中国展望出版社，1988 年；中文出版物服务中心编：《中华人民共和国 1953 年人口调查统计资料》，《中共重要历史文献资料汇编》第三十辑，第 138—139 分册合订本，洛杉矶，2013 年。

多指 1910 年以后开办的现代机器工厂，"普通工业"则指传统手工业。偶尔也有工厂混入"普通工业"，如长山县"普通工业"条下："机器缫丝，最著名者为裕厚堂。"裕厚堂丝厂建于 1909 年，采用人力缫丝，1911 年改为机器生产。[①]在绝大多数地区，1919 年还没有机器工业；"普通工业"条下也没有工厂数量的记载。所以，统计中不以"普通工业"作为变量。

关于商业，如"商会"，一般指县商会，也有镇商会。如"商号"，大多分银行、银号、当铺、钱庄、杂货、油坊等几个或十几个行业，分别叙述其数量；也有一些县不分行业，笼统记载。需要特别强调的是，所谓"商号"，指的是有自己名称且具有一定规模的商行或商店，与摊贩完全不同。"商业状况"则记载近些年的市场变动，多用"颇称富庶""不甚发达"等词形容。

《调查录》没有说明商号是县城商号，还是包括市镇在内的全县商号。只有一条资料做了明确区分。沂水县"商号"条："城内共有杂货、钱行各商号七十余家，乡间共有一百五十余家。类皆小本营业。"[②]设沂水县市镇商号为 155 家，全县 7 个市镇。悦庄较为繁盛，设有 35 家商号，其余 6 镇各有商号 20 家。20 家商号可能是同类地区小镇商号的平均值。

然而，在一些县，即便采用平均值累加，市镇商号也超过全县商号。这说明，在这些县，《调查录》所载商号不包括县城以外的市镇。另外，《调查录》也没有说明所载商号是行业的全部还是部分。有的说明是主要商号，大多语焉不详。

关于交通，山东境内的铁路有两条：一条是 1904 年通车的胶济铁路，从青岛至济南；一条是 1911 年通车的津浦铁路（北段）山东段。

---

① 山东省政协文史资料委员会、淄博市周村区政协文史资料委员会编：《周村商埠》，济南：山东人民出版社，1990 年，第 142～143 页。
② 林修竹编：《山东各县乡土调查录》卷 2，济南：山东省长公署教育科印行，1919 年，第 130 页。

本文采用《调查录》对交通状况的描述——包括铁路、港口、河运等三个要素的综合，将山东所有的县划分为三级：交通发达、交通便利和交通困难三种类型。

　　本文用于校正《调查录》的数据主要有以下几种：其一，《中华民国农商统计表》（以下简称《农商表》）是由各县知事遵照调查章程填报，各省巡按使或公署总报，农商部总务厅统计科编纂而成。调查内容涉及各省工业、商业、矿业、农业、林业等情况，民国三年至民国十三年（1914—1924）共调查统计十次，由上海中华书局刊行。本节主要采用第二次及第四次与第五次的补充数据（下文简称为《农商表二》、《农商表四》和《农商表五》），以便与《调查录》数据比勘。与《调查录》数据相比，《农商表》有些相同，有些不同。比较而言，《调查录》数据更能得到其他资料的印证，尤其是地方志资料的印证。其二，1925 年商务印书馆出版的白眉初撰《鲁豫晋三省志》一书有山东30 余县县城及若干市镇的人口记载。与《支那省别全志》对照，白氏著作有相同处，亦有不同处，推测白氏数据形成于 1915 年前后，故亦以白氏数据作为比勘材料之一。其三，各种新修地方志都可用来校对《调查录》之数据。限于篇幅，本文不可能讨论所有有差异的数据。

二、商埠 [①] 与工矿的城市人口

（一）烟台

　　烟台属登州府福山县辖，道光末年（1850），烟台已经是南北海路

---

① 　关于山东商埠的历史，参见张玉法：《中国现代化的区域研究：山东省，1860—1961》，载《"中央研究院"近代史研究所专刊》(43)，台北："中央研究院"近代史研究所，1982 年，第 169—183 页。

交通的重要贸易港口。以天后宫为中心，聚集商号千余家。[①]依 1858
年《中英天津条约》开作商埠后，商业迅速发展。《调查录》称："汽
船之往来渤海者，多先系泊于此，故为山东工商之先进，惟不早建铁
路，致全省门户移之青岛，渐有衰退之势……居民约 15 万余口，商号
约 3000 余家。"每一商号对应 50 人。

（二）济南

1904 年，济南开商埠于老城之西五里沟。这是胶济铁路与即将兴
建的津浦铁路交会处。随着人口的大量迁入，济南商埠扩充。老城与
新城连成一片。

济南市工商业界人士回忆，光绪三十年（1904），商埠新开，"城、
埠人口总计不过十三四万人。商埠一区约有居民千余户"[②]。依此记载，
1910 年济南市区人口大约 15 万。1910 年以后，济南城埠人口迅速增
加。《调查录》认为"济南商务，近年来异常发展"的原因有二：一是
民国初年山东匪患严重，周村、潍县等地商人聚集济南；二是 1914 年
日本占领青岛，发生在家门口的国际竞争促进了济南的商业发展。设
1910—1919 年济南城市人口年平均增长率为 20‰，1919 年济南城区约
有人口 18 万。

《调查录》记载历城商号 1993 家，4 镇。泺口镇是胶济铁路之终点，
4 镇中规模最大，并建有泺口商会。假定泺口商号 100 家，其余每镇商
号 20 家，济南市与商埠合计商号 1833 家。[③]此外，济南普通工业即手
工业作坊 148 家，机器工厂 40 家。每个手工业作坊的工人约为 20 人。

---

① 王以兴、高凤琴：《芝罘区行政区域的历史变迁》，载烟台市芝罘区地方史志编委会办公室编：《地
方志资料研究》（油印本）第 4 辑，年份不明，第 1—2 页。

② 济南市工商联：《解放前济南市资本主义工商业概况》，载济南市志编纂委员会编：《济南市志资
料》第三辑，1982 年，第 1 页。

③ 《农商表二》记载 1911 年济南商务分会入会商号只有 264 家，口径差异太大，不予讨论。

机器工厂都是 1910 年以后建立的，规模稍大，每家约为 40 人。[①]40 家工厂大约相当商号 80 家。如此，1919 年济南城区商号共有 1913 家，每家商号对应 94 人。

上述计算并未包括小清河区在内的郊区人口。1948 年济南解放，查得济南城区人口 28.9 万，半城区人口 10.1 万，农村区人口 7.5 万。[②]农村区人口不计，半城区即郊区人口约占全市总人口的 22%。如果小清河区代表的就是这 22% 的人口，则有人口 4.3。如果农村区人口亦计入，城区人口占总人口的 62%。总之，1919 年济南城市人口 18 万，加郊区人口则为 22 万。如果将城市范围扩大至 1948 年的水平，则有人口 29 万。

（三）青岛

1897 年德国租借胶澳建设港口和铁路，青岛成为德国租借地。1914 年日本取代德国占据青岛。1902 年青岛市区人口只有 1.5 万；1910 年增至 3.4 万，1913 年达到 5.3 万；1939 年猛升至 40.7 万。[③]1953 年青岛市人口高达 91.7 万，实包括郊区在内，市区人口约占全市人口的 60%。

1914 年日本占据青岛后，日商企业数量猛增。1922 年日商企业为 1153 个[④]，全市商号共 1713 个。回溯至 1919 年，全市商号可能有 1613 家。1923 年，青岛人口 18.24 万。[⑤]市区人口大约 10.9 万，每商号对应 95 人。与济南相同。依 20‰ 年平均增长率，1919 年青岛市区人口 10

---

① 济南市志编纂委员会编：《济南市志资料》第三辑，1982 年，第 1—15 页。
② 济南市志编纂委员会编：《济南市志资料》第五辑，1984 年，第 17—18 页。
③ 《胶澳志》卷 3《民社志·户口》，台北：成文出版社，1968 年，第 231—233 页。
④ 青岛市史志办公室编：《青岛市志·商业志》，北京：五洲传播出版社，2000 年，第 1 页。
⑤ 据《青岛市志·商业志》，1923 年青岛城区人口占全市人口的 57.65%，已知 1910 年郊区人口 12.6 万，以 5‰ 的人口年平均增长率，1923 年有人口 13.4 万。据此推算城区人口 18.24 万。

万，加上郊区人口则为 12 万。

（四）潍县

1904 年，潍县自辟为商埠。《调查录》记载全县人口 15.4 万。实际上，1906 年潍县人口已达 49.7 万[①]，1953 年 63.5 万，可证《调查录》数据失实。1919 年，潍县有商号 910 家，7 镇，其中寒亭镇因为火车站而"素称殷富"，其余 6 镇"均属平常"。设寒亭镇有 100 个商号，余 6 镇各有商号 20 家，市镇商号共计 220 家，县城商号 690 家。采用济南与青岛模式，以每一商号对应 95 人计，测得 1919 年县城人口 6.6 万，全县城镇人口 8.6 万。民国《潍县志》卷 13 记载 1924 年县城人口 8.3 万人。考虑到不同时期对于郊区的划分与理解不同，数据基本吻合。

（五）周村

《调查录》记载长山县人口 23.3 万，商号 525 家，县城之外，还有周村镇。县城与周村毗邻，可以视为同一城市。1904 年周村辟为商埠，《调查录》在"商埠"条下记载："周村自开辟商埠，商业繁盛，百货云集，实为山东唯一市场。乃至民国五年，突遭兵祸，革命军占据勒索。百年精华，一朝馨尽。"《调查录》在"商业状况"条下记载："兵燹以后，各商店损失过钜……各大商号，且多迁移省城。"

除商业外，周村还有工业，主要为括丝织与铸造。《调查录》在"工业"条下除了记载裕厚堂，还记载："其他丝厂、织布厂家甚多，制品如纺绸、洋绉、印花布、各色棱布、标布、粗布、线带，销路甚广。铁匠炉所制之品，铁锅、铜锅，亦颇著名。"铸造业市场主要为当地市

---

① 山东省潍坊市潍城区史志编纂委员会编：《潍城区志》，济南：齐鲁书社，1993 年，第 133 页。

场，规模基本不变。当地人称经营铜业者三四十户，1934 年《胶济铁路经济调查报告》载铜锡业户数与铁业户数之比为 80：15，依此，1919年铁业有 7 户，与铜业合计为 40 户。[1]

同一资料又称："织棉布、腿带等机坊，多设于街里、后街及各僻静街巷。"也有人认为机坊主要分布在周庄四周的乡村地区。大机坊此消彼长，小机坊则是农村副业。例如，王村常年有机 100 余张，经常开工的 50—60 张。[2]1931 年左右，机坊大量兴起，周村附近地区织机台数有 16 000 余台。[3]1919 年周村镇中基本没有机坊。

有资料表明，1900 年，周村已有浆坊 40 余家，染坊 70 余家。[4]加上 40 家铜铁业作坊，商号与作坊共计 685 家。以每个商号与作坊对应95 人计，城镇人口 6.5 万。此与 1953 年张周市人口 7.6 万大体匹配。《鲁豫晋三省志》记载周村人口 3 万，又记长山县城人口 4 万，也与上述估计吻合。

（六）龙口

1914 年，龙口镇自辟为商埠，以作为辽东半岛上的旅顺、大连等城市南下货物，以及江南及闽粤等地北上货物之中转。《调查录》记载1919 年龙口居民只有 200 户，商号 400 家。以居民而言，约有人口 1万；以商号而言，对应人口 3.8 万。时人观察，1910 年龙口即有各种

---

① 鲍泽春：《周村商埠的形成与发展》，载山东省政协文史资料委员会、淄博市周村区政协文史资料委员会编：《周村商埠》，济南：山东人民出版社，1990 年，第 1 页。

② 张相书：《义昌厚机坊忆旧》，载山东省政协文史资料委员会、淄博市周村区政协文史资料委员会编：《周村商埠》，济南：山东人民出版社，1990 年，第 125—130 页。

③ 高良恭：《我了解的周村丝织业发展概况》，载山东省政协文史资料委员会、淄博市周村区政协文史资料委员会编：《周村商埠》，济南：山东人民出版社，1990 年，第 120 页。

④ 于洪谋整理：《回忆周村的丝绸印染业》，载山东省政协文史资料委员会、淄博市周村区政协文史资料委员会编：《周村商埠》，济南：山东人民出版社，1990 年，第 162 页。

中外商人所建房屋 5000 余间。[①]看来，作为货物中转地的龙口，商号与人口不存在固定的对应关系。《鲁豫晋三省志》记载龙口镇人口 0.8 万，恰是 200 户居民的规模。

（七）枣庄

峄县枣庄煤矿储量丰富，易于开采。其总厂设于枣庄，分厂设于台庄。两镇之间，有铁路支线相连。依《调查录》记载，峄县有 284 个商号，3 镇，除枣庄、台庄外，还有韩庄。韩庄是津浦铁路南北两段的连接口，因铁路而发展成镇。这三镇"户口繁多，商务较盛"，与一般市镇不可同日而语。以每商号对应 95 人计，有人口 2.7 万。

不过，这一记载没有包括煤矿本身。1919 年，位于枣庄、陶庄一带的小煤窑数量不详，兹以 5 个矿井计入。中兴枣庄煤矿有约 40 个煤窑，加一大井，其产量相当于 6 个煤窑；中兴山家林煤矿 21 个煤窑[②]；合计 72 个煤窑。以每窑 125 名工人计[③]，有矿工及管理人员至少 0.9 万。假定矿工家属多居于农村，不另计算；再加管理人员家属，则有人口 1 万。这样，枣庄地区城镇人口合计约为 3.7 万。

（八）博山

博山县城颜神镇不是商埠，却素以工商业发达著称。《调查录》记载全县人口 13.1 万，商号 160 家，其中毛织工厂、铁工厂、玻璃工厂、化工厂共 45 家。这些现代工厂可抵商号 90 家，如此，全县商号则为

---

① 《中国时事汇录：山东龙口之现象》，《东方杂志》1910 年第 7 卷第 10 期（电子图片版，页码不详）。

② 山东省地方史志编纂委员会编：《山东省志·煤炭工业志》上册，济南：山东人民出版社，1997年，第 242—244 页。

③ 枣庄矿务局史志办公室编：《枣庄煤炭志资料选》，1984 年，第 35—36 页。

200 家。境内有 4 镇，即便每镇商号以 20 家计，县城商号只有 120 家，对应人口只有 1.1 万。《鲁豫晋三省志》不仅记其城内民居稠密，商业称盛，而且记其孝妇河以西，"居民多业琉璃"。此外还有铅、铜、铁、煤等矿产，全县以工业为生活者，不下二三万人；且称县城人口 4 万。兹从之。需要说明的是，在工业化区域，商号与人口不构成对应关系。

三、交通发达地区的城市人口

（一）"交通发达"之定义

在前航空时代，有两条铁路相汇，或有铁路与港口相汇，就是"交通发达"的城市。1904 年以后的青岛和 1912 年以后的济南，就属于这样的城市。又如峄县，有两条铁路支线串连枣庄与台庄，且有运河，形成交通发达的煤矿工业区。《调查录》写道："枣庄西距临城 19 英里，有津浦路支线贯通其间，自枣庄津浦路支线终点，南至台庄约 28 英里，有中兴煤矿私有铁道……运河通航路，往来民船，载量由 50 吨至 120 吨。县城至东西南北皆驿程大道。"用数字表达，"交通发达"为 3 级。

对于胶东半岛上那些虽无铁路，却因邻近港口而得交通之利的城市，也可称为交通发达城市，只是与济南、青岛稍有差别，故定为 2.5 级。如福山县，"惟海航有烟台、八角两口"（《调查录》），且其中之一为外贸商埠。又如蓬莱、黄县、牟平、文登、荣成、海阳、即墨、掖县等，均拥有大小不等的出海商港，商号数量多，贸易范围广，邮局数量也多，都可以列为 2.5 级。德县、济宁两县也可列为 2.5 级（详见下文）。还有章丘，西邻济南，东邻周村，位于两大商埠之间，亦可列为 2.5 级。处于济南与德州之间的禹城与平原两县也属于这类城市。

临清本不属于交通发达之列，但在漕运改海运之前，却是山东仅有的两个全国中心城市。迄至清末，其人口一直在衰减当中，故并入本节论述。

在胶东半岛，莱阳县虽然临海，但海岸线短，却因邻近金口港而获得交通与商业便利。故将莱阳列为交通2级。

（二）县城人口

福山。《调查录》在记载烟台3000余家商号的同时，又记载福山县商号1650家。除烟台外，福山县境内还有八角港。据民国《福山县志稿》卷5，八角海口"商号约百余家"[①]。排除八角后，假定其他1550家商号都出自福山县城，即便以每个商号对应50人计算，县城人口也多达7.8万。这是不可能的。《鲁豫晋三省志》称福山县城人口只有2万，以每商号50人计，对应商号400家；以每商号95人计，对应商号只有210家，很显然，福山县城、八角与烟台商埠三地商号之和为1650家。假定八角港人口1万，已知烟台人口15万，福山境内城镇人口共计18万，每个商号对应109人（180 000/1650）；较济南、青岛标准为高。

这一事实提示我们，开埠越早，商号的规模可能越大，对应的人口可能越多。因此，对于那些非商埠非工商业城市的普通县城而言，每商号对应人口可以设为90人。

胶县。《调查录》记载全县人口51.5万，应当包括青岛在内。胶县商号114家，则不包括青岛。以每个商号对应90人计，县城人口只有1.1万。县城之外，《调查录》记载胶县2镇——王台与张仓。其实还有灵山卫镇，与王台镇一样，也设有警察分所。据《鲁豫晋三省志》，

---

① 民国《福山县志稿》卷5《商埠志》，台北：成文出版社，1968年，第722页。

青岛开埠之前，塔埠头镇是最大港口。青岛开埠之后，民船运输仍以此为重要港口，人口3500人。设其商号40家，另三镇为20家，共有商号100家。合计全县商号224家，城镇人口2万。

黄县。《调查录》记载全县人口37.1万，商号324家，包括除龙口在外的其他5镇。设5镇商号各20家，合计100家，县城商号224家，对应人口2万。

即墨。《调查录》记载全县人口44.6万，商号954家。设每商号对应90人，城镇人口共有8.6万。《调查录》记该县市镇有6，其中"周疃、上崖二镇颇富，其余南村、流亭、金家口、鳌山卫四镇均不及焉"。然而，依《即墨县志》等资料，清朝中期以降，县内商业以金家口（现称金口）镇与即墨城最为兴盛。清末金口商业逐渐衰弱，从业人口由2万降至0.8万。依下文济宁例，商业从业人口即便只有0.8万，其总人口仍然可能高达2.7万。《即墨市金口镇志》将周疃社和古青社均算作金口镇，同治十一年（1872）两社人口0.7万，1936年0.9万。令人猜想金口鼎盛时期的2万商业从业人口，多为流动人口。假定1919年南村等4镇人口各为0.8万，合计则为3.2万，周疃等2镇人口各为1万，合计则为2万。6个市镇人口5.2万，县城人口则为3.4万。1908年，即墨城厢坐商摊商有364家。[①]如每个坐商摊商对应90人，则有人口3.3万。

文登。《调查录》记载全县人口37.8万，商号302家，对应城镇人口2.7万。至1932年，县内较大商号277家[②]，与《调查录》所载302家商号大体相当。文登县境内有县城及威海卫地。1898年，威海卫成为英国租借地，军港变为市镇。威海分为租借地威海码头与中国人管辖的威海卫内城。1909年威海码头众商公会成立，有商号80余家。[③]《农

① 即墨县县志编纂委员会编：《即墨县志》，北京：新华出版社，1991年，第391页；即墨市金口镇志编纂委员会编：《即墨市金口镇志》，北京：中国和平出版社，2005年，第84页。
② 山东省文登市地方志编纂委员会编：《文登志》，北京：中国城市出版社，1996年，第347页。
③ 刘本森：《近代殖民租借地商业组织的典型个案——以威海卫的商埠商会（1916—1930）为例》，《江汉学术》2014年第3期，第111页。

商表二》记载威海商务分会商号 76 家，又记文登商务分会商号 20 家。以此比例，1919 年县城商号 63 家，对应人口 0.6 万（20/96×2.7），威海卫（包括码头和内城）有人口 2.1 万。有记载称 1919 年威海城区人口 1.9 万[①]，数据匹配。

荣成。《调查录》记载全县人口 18.5 万，商号 282 家，对应城镇人口 2.5 万。县城之外，还有石岛与里岛两镇。《农商表二》记载石岛商号 192 家，对应人口 1.7 万。而据《鲁豫晋三省志》，石岛居民实不满千人。也就是说，以货物转运为特点的商业中心，商号数量与人口并不发生对应关系。假定县城商号与里岛相等，则各有商号 45 家，县城人口应为 0.4 万。《鲁豫晋三省志》称县城只有人口 0.3 万，可以采信。1919 年全县城镇人口实为 0.9 万。

海阳。《调查录》记载全县人口 28.8 万，商号 335 家，对应城镇人口约为 3 万。县内 4 镇，包括抗日战争结束以后成为县城的东村镇、大嵩卫城里、海阳所和大山所。这些由军卫驻地转化而来的市镇，人口众多。设每镇商号 40 家，共 160 家，县城商号 175 家，对应人口 1.6 万。县城凤城镇为海运良港，被日机炸后衰落，1949 年后新县治定于东村镇。这一年，海阳县"城区"人口 1.8 万[②]，可能指全县城镇人口。很显然，那些曾经的卫所居民，不再是城镇人口。

蓬莱。《调查录》记载全县人口 27.7 万，商号 249 家，对应城镇人口 2.2 万。《蓬莱县志》记载清末县内私营商号与客栈、货栈 130 余家。《农商表二》记载商号 312 家。《调查录》的数据居中，相对可靠。以此为准，设县内三镇商号各 40 家，县城商号仅 129 家，对应人口 1.2 万。

牟平县。《调查录》记载全县人口 41.4 万，只有 113 家商号。《调查录》称："航路由系山口入海，至烟台，邮政八处，交通颇称便利。"又称："西北接近烟埠，商业尚不萧疏。"可谓人口众多，交通便利，

---

① 中共威海市委研究室编：《威海市情（1949—1989）》，济南：山东人民出版社，1990 年，第 327 页。
② 山东省海阳县地方志编纂委员会编：《海阳县志》（内部印行），第 103 页，第 400 页。

商业发达。全县 6 镇，以每镇 20 家商号计，也超过全县商号总数，故认为此 113 家商号皆为县城商号，县城人口 1 万。1949 年全县非农人口 1.1 万。[1]数据相合。设 6 镇商号各 30 家，得全县商号 293 家，全县城镇人口 2.6 万。

掖县。掖县位于莱州湾之南，跨渤海与辽东半岛遥遥相望。《调查录》记载全县人口 44.4 万，商号 618 家，5 镇，商业繁荣。在 5 个镇中，《鲁豫晋三省志》称沙河镇"商况繁荣，远出掖县之上"；"虎头崖镇为著名之小海口"；朱桥镇"商业繁盛，居沙河之次"。看来，县城商号大约占全县的六分之一，为 103 个商号，人口约 0.9 万。《鲁豫晋三省志》称掖县县城人口仅 0.3 万，实在是低估。

德县。德州虽然不能算作商埠城市，但因其地处津浦铁路与运河要道，仍然具有重要的地位。所以《调查录》称："航路有运河，船只往来，水陆均称便利。"

《调查录》记载全县人口 28.7 万，商号 870 家。德县的商业状况"甚属发达"。县境内有 3 镇，其中桑园镇，见于《大清一统志》，历史久远。后划归河北省吴桥县，为吴桥县城。设桑园镇有 100 家商号，两个小镇各有 30 家商号与作坊，其余 710 家商号分布于德县县城，测得县城人口 6.4 万。又有资料称，民国初期，德州城关有地点及字号的商铺 433 家[2]，测县城人口 3.9 万。由于桑园镇人口计入吴桥县，故 1919 年德县城镇人口 6.9 万。

平原与禹城。平原与禹城两县位于德县与济南之间，津浦铁路穿城而过，属于交通发达地区。《调查录》记载平原县人口 14.2 万，商号 250 家，6 镇，设每镇商号 20 家，县城商号尚存 130 家，对应人口 1.2 万。《鲁豫晋三省志》称平原县城只有 0.1 万人口，又称该县交通便利，贸易兴盛，实在有点自相矛盾。《调查录》记载禹城县人口 21.2 万，商

---

[1]　山东省牟平县县志编纂委员会编：《牟平县志》，北京：科学普及出版社，1991 年，第 106 页。

[2]　德州市财政贸易委员会编：《德州市财贸志》，济南：齐鲁书社，1993 年，第 69 页。

号 435 家，3 镇。扣除 90 个市镇商号，县城商号多达 345 家，对应县城人口 3.1 万。

章丘。《调查录》记载全县人口 45.7 万，商号 450 家，9 镇。设每镇商号 20 家，县城商号 270 家，对应人口 2.4 万。1907 年，章丘县内"铁手工业极发达，每年外出打铁者，不下数万人"[1]。然他们并非城镇人口。1953 年，全县城镇人口仅 1.34 万[2]，系工商业萎缩所致。

济宁。《调查录》记载全县人口 26 万，2 镇，商业繁荣，却只有 108 个商号，令人难以置信。《调查录》在"商业状况"条下称："济宁当河漕要冲，水陆通衢，在昔江淮百货，走集于此。近数年来，更有津浦支路，达于城外。百货往来，尤觉便利。是以商业一途，甚为发达。"又在"交通"条下称："南运河地通江苏，帆船往来，络绎不绝。津浦路由兖州分出支路，至县城东南为终点。水陆交通，异常便利。"

据《调查录》，济宁设有一批公司与现代工厂。包括 1 家电灯公司、1 家电话公司、1 家面粉厂、2 家蛋粉工厂、2 家织布厂。以济南为例，大略相当于 14 家传统商号。据当地人回忆，1910 年有 37 家竹制品作坊。民国时增加到 60 多家。[3]即使再加上"特别工业"条下记载的行销各地的糕点与肉糁作坊，全县最多只有商号 170 家。

《调查录》忽视了济宁的煤炭商行。《枣庄煤矿史》称："当时济宁就是一个大销售地，那里作煤炭买卖的常不下六七十家，店员杂工多达数百人。"[4]在 1912 年津浦铁路及其支线通车之前，台庄之煤通过运河运至济宁中转四散。铁路的开通，不仅改变了枣庄煤炭的运输方式，也改变了济宁之煤炭转运中心的地位。由于济宁有铁路支线与津浦线相连，济宁的商业地位并没有下降。这样，济宁县城的商号与作坊最

---

① 章丘县志编纂委员会编：《章丘县志》，济南：济南出版社，1992 年，第 128 页。
② 章丘县志编纂委员会编：《章丘县志》，济南：济南出版社，1992 年，第 130 页。
③ 山东省济宁市政协文史资料委员会编：《济宁运河文化》，北京：中国文史出版社，2000 年，第 150 页。
④ 中共枣庄矿务局委员会等编：《枣庄煤矿史》，济南：山东人民出版社，1959 年，第 3 页。

多达到 235 家。

《调查录》记载的商号行业只有典当、银行、酱园、茶庄等 15 个行业，居然没有粮食业。"四方粮粟来此集散，较大粮行多达 36 家，从业不下千人"[①]，说的虽然是民国年间的情形，但明清时期粮食业一直是济宁商业的主要行业。1910 年济宁商号总数约为 270 家。以每个商号对应 90 人计，济宁城市人口 2.4 万。民国《济宁县志》卷 2 记载 1926 年济宁城内四区共有人口 2.4 万。然而，1953 年济宁市人口多达 8.6 万。1910 年与 1926 年济宁城市人口数可能大大低估。

地方文献还有一些记载，有助于揭开济宁人口规模之谜。民国《济宁县志》卷 2 记载："其教约有二三千户，以居住南关为最多。"以户均 5 口计，估计回民人口 1.3 万。虽然不知济宁城中回民的比例，却知南关一带的回民绝对不可能占全市居民之半数。

还有一条资料值得讨论。清末民初，济宁县城饮食业从业人口近万人，"几乎与从商人数相等"[②]，也就是说，济宁城区的商业从业人员接近 2 万人口。《鲁豫晋三省志》记载济宁县城人口 6.7 万，每个商业从业人员对应 3.35 人。

临清。临清全县 23.4 万人口，商号 210 家，4 镇，分别为茶庄、药行、木厂、烟丝、靴铺、杂货、酒店、粮店、银号、洋油、纸烟等 11 个行业。此外，还办有 5 个织布工厂，但投资少，规模小，仅销本境，说明新经济的影响较弱。以每个商号对应 90 人计，也只有 1.9 万人口。据民国《临清县志》卷 6，1931 年临清城市人口 3.6 万人。1949 年全县非农人口 3.4 万[③]，设 1919 年临清市人口 3.6 万。

总之，在 1919 年的交通发达地区，有一批人口多达 5 万—7 万的超级大县城，也有人口在 3 万左右的较大县城，还有人口约万人的小

---

① 济宁市商业局编：《济宁商业志》（内部资料），1992 年，第 29—37 页。
② 济宁市商业局编：《济宁商业志》（内部资料），1992 年，第 175 页。
③ 山东省临清市地方史志编纂委员会编：《临清市志》，济南：齐鲁书社，1997 年，第 103 页。

县城。仅就县城而论，即便是交通发达地区，差异仍然很大。将交通发达地区分县人口与县城人口或城镇人口进行回归，两者之间不存在相关关系，即各县县城人口或城镇人口并不由各县总人口来决定。

四、交通便利与交通困难地区的城市人口

（一）"交通便利"与"交通困难"之定义

本文将有一条铁路（包括支线）经过的城市，称为交通便利城市。如津浦铁路经过的济河、滋阳、曲阜、邹县、滕县等；如胶济铁路经过的淄川、高密等。陵县的情况有点特殊。境内虽有津浦铁路通过，县治却距车站有 40 余里。在陵县与铁路线的 40 里途中，分布着神头镇与凤凰店镇，"商业颇见发达"。泰安县的情况与陵县类似。津浦铁路不经过县城，县境西之大汶口镇因"交通便利，商业畅旺"。所以，尽管铁路不经过两县县城，但仍可将其交通级别定为 2 级。

聊城虽邻运河，却与德县、济宁不同。《调查录》在"商业"条下记载："自运河不通舟楫，商业日见萧疏。"在"交通"条下，也是"交通不甚便利"。因此，聊城只能列入"交通困难"地区。所谓"交通困难"，指的是没有任何现代交通，且传统水运交通也几乎不存在的地区。中国内陆的大多数地区，都属于这类地区。

不过，大运河停运后，临清却因卫河而得运输之利。"境内有卫河一，西通河南，北达天津"，商业"颇见发达"。位于聊城之西部的馆陶县，虽然远离运河，却因"航路有卫河，船只往来，尚属便利"。得卫河运输之利的还有武城、夏津，兹不细述。依此，可将此 4 个县城均列入 1.5 级城市。更有意思的是，濮县居然得益于黄河航路，"黄河

自直隶濮阳县来，流入本境"；本境"地处偏僻，交通不便，惟有黄河一道，往来之粮船、商船颇多"。寿张与范县同样得益。因此，此三县也被列为1.5级交通。此外，胶东半岛上的栖霞、平度与招远或不邻海，或邻海却无港口，但周边有烟台、青岛、龙口等著名商埠，列入1.5级。

（二）商号数量之修正

无论在交通便利地区还是交通困难地区，《调查录》都存在数据之误记与漏记，或存在口径不一之特例。分别讨论如下。

其一，全县商号的少载现象相当普遍。以平度县为例，《调查录》记载全县人口61.7万，5镇，商号79家，其中有油坊40家。《平度县志》认为油坊分布在乡间。[①]若此，则县城几无商业可言。同一资料记载1928年前，平度商业尚属发达，1929年地方屡遭蹂躏，一蹶不振。1932年县城大小商号140余家，5个镇共有商店95个，每镇近20个商号，但镇名却无一为《调查录》所载。同一资料又称1936年平度城乡有各种工商业户148家，从行业看，可与1932年县城商家基本对应。20世纪30年代大致稳定的商号与商业结构意味着平度县的商业不发展。由此，可以认为1919年平度县商号至少有240家，对应城镇人口2.2万。

《调查录》记载无棣县只有6家商号，却有4个市镇。蒲台县商号5家，莒县7家，广饶、诸城两县各9家，平阴县10家，邱县15家，堂邑县19家，莘县20家，皆不可信。又如日照县，《调查录》只记载了15个最为著名的商号，其他商号则不提及。又如范县商号6家，濮县7家，市镇却分别有6个和7个，显然是不真实的。《农商表二》记载莒县商号40家，《农商表四》记载邱县商号85家，兹采纳之。

依此，在修正中依据以下原则，凡一个县有5个镇以上，以每镇

---

① 山东省平度县地方史志编纂委员会编纂：《平度县志》（内部发行），1987年，第335页。

10 个商号计，每县 3—5 镇，以每镇 20 个商号计，每县 1—2 镇，则以每镇 30 商号计。如人口大县，则酌情增加，如人口小县，则酌情减少。

其二，市镇商号的缺载现象相当普遍。如昌邑县，《调查录》记载全县人口 52.6 万，商号 100 家，5 镇。《调查录》称："柳疃镇尚称发达，余均平妥。"《昌邑县志》称，道光二十四年（1844）"境内柳疃丝绸兴盛，外地商人争相经营。柳疃街有商号 100 余家"，《农商表二》记载商号 93 家，与《调查录》一样，都是 1824 年数据。光绪年间，周村、潍县一带丝绸业发达兴旺，毗邻之柳疃也应如此。所以，《昌邑县志》记载清末民初柳疃镇商铺 400 余家，并不虚妄。虽然这 400 家商铺并非商号，若以商号 200 家计，柳疃镇人口也有 1.8 万。

《昌邑县志》还记载岞山镇因胶济铁路通车而兴起，民国初年有商行、公司 43 家。清末民初，在柳疃、岞山的影响下，县城商业逐步繁荣起来，1936 年有商号、店铺 91 家。《鲁豫晋三省志》记昌邑县城人口 1 万，稍有高估。《昌邑县志》记载 1949 年前县城工商业落后，非农人口极少，直到 1956 年全县非农人口只有 1.2 万[1]，是战争破坏所致。设 1919 年县城与岞山两镇人口各 0.4 万，其他两镇各 0.2 万，合计全县城镇人口 3 万（0.4×2+0.2×2+1.8）。

《调查录》记载济阳县人口 25.3 万，5 镇，却只有 139 个较大商号——银号 29 家、酒店 80 家、油坊 30 家，余为"其他小本营业，无足记载"，不包括小商号。民国《济阳县志》卷 3 记载 1920 年全县人口 25 万，县城人口 1.7 万。每个商号对应 90 人，就有商号 186 家。设每镇商号 20 家，合计全县商号 286 家。

《调查录》记载夏津县人口 18.8 万，商号 55 家，4 镇，依每镇 20 个商号的标准处理，全县商号 135 家。县城人口 0.5 万，全县城镇人口 1.2 万。1949 年夏津县城人口 0.6 万，非农人口 0.4 万[2]，县城以外的市

---

① 山东省昌邑县志编纂委员会编：《昌邑县志》（内部发行），1987 年，第 7、100、324—325 页。

② 山东省夏津县志编纂委员会编：《夏津县志》，济南：山东人民出版社，1991 年，第 108—109 页。

市镇人口均作为非农人口，与 1919 年数据相合。

《调查录》记载博兴 21.8 万人口，商号 29 家，5 镇，依上述方法，全县商号 109 家。这一估测得到了印证。有一份 1913 年博兴私商主要行业分布表，县城 55 个商号，分布在粮食、酱园、杂货浴室、照相等 15 个行业。下有 5 镇，其中 3 个稍大的镇与《调查录》相同，分别有 31 个、14 个和 8 个商号，全县商号合计 108 家。[①]《农商表五》记载博兴商号 119 家。

《调查录》记载临朐县人口 34.7 万，商号 50 家，2 镇。假定商号皆为县城商号，对应人口也只有 0.5 万。《农商表二》记载商号 83 家，对应人口 0.7 万。《农商表五》记载商号 200 家，包括县城与市镇，是可信的。

《调查录》记载莱芜县人口 36.2 万，商号 225 家，1 镇。《农商表四》记载商号 240 家。假定皆为县城商号，对应人口 2.2 万。民国《续修莱芜县志》卷 1 记载 1930 年莱芜县城有人口 2.5 万。数据吻合。在一些经历过日军占领及国共内战的地区，1949 年市镇规模小于 1919 年。采用 1949 年数据验证 1919 年数据，要特别小心。

在新泰县，《调查录》记载全县人口 14.7 万，商号 55 家，1 镇。设镇商号 20 家，全县商号 75 家。事实上，《农商表四》记载商号 72 家，说明这一修正是可取的。经过类似修正的县还有东平、汶上、郯城、金乡、德平、高唐、招远、高苑、观城、荏平、定陶。

《调查录》记载滨县人口 22.5 万，商号 46 家，2 镇。假定 46 家商号为县城商号，对应县城人口 0.4 万，全县城镇人口 0.8 万。清代前期，滨州兼领蒲台、利津、沾化 3 县，后降为散州，1913 年改滨州为滨县，1958 年县治迁于北镇，撤滨县入惠民县，1961 年滨县恢复，县治迁往滨城，1969 年复迁北镇，1972 年迁新滨城。所以，《滨州市志》记载

---

① 山东省博兴县地方史志编纂委员会编：《博兴县志》，济南：齐鲁书社，1993 年，第 260 页。

1949 年全县总人口中城镇人口 1.1 万，又记载总人口中非农人口 0.6 万。①令人揣测 0.6 万是县城人口，而其余则可能是北镇人口。不是县治的北镇，被视作城镇，却不视作非农。如此，1910 年数据与 1949 年数据相合。

《调查录》记载沾化县人口 15.5 万，商号只有 31 家，对应人口 0.3 万。还有 4 镇。据《沾化县志》，县城与故城两镇，相继为县城，1956 年县城设于富国村南，名富国镇，县中还有一名为下洼镇。飘移的县城，证明其人口甚少。三个大镇，每镇人口 0.1 万。1919 年全县城镇人口 0.6 万。

阳谷县的情况略为复杂。《调查录》记载全县 29.1 万，商号 45 家，应为县城商号，对应人口只有 0.4 万。《阳谷县志》称，咸丰年间城内居民仅 400 户，人口 0.2 万；1949 年县城居民 0.7 万。如果 1910 年县城人口可以接受，则意味着民国年间县城人口大幅增长。事实上，随着漕运经济的衰退，沿运县域经济亦随之衰退。以 5‰的年平均增长率计，1910 年县城人口 0.6 万。《调查录》记载 2 镇，漕运时代，张秋（安平）镇繁荣超过阳谷与寿张县城。阿城镇为南北水运之咽喉，商贾云集。七级镇是重要的漕运码头，有 6 门 4 关 6 纵 8 横 14 条街。②张秋地处阳谷与寿张两县毗邻处，本文作为寿张大镇处理，其人口超过县城。同理，阿城与七级两镇可设与阳谷县城等。清末两镇因停漕衰落，但不可能马上沦落为一般小镇。设每镇人口 0.5 万，1910 年全县城镇人口 1.6 万。

青城县的情况有些特殊。《调查录》记载全县人口 5.2 万，商号 48 家，4 镇，对应城镇人口 0.4 万。1948 年高苑、青城合并为高青县。高青县城设于清末迁入的高苑县城田镇。③据此判断，1919 年青县县城人

① 山东省滨州市地方史志编纂委员会编：《滨州市志》，济南：齐鲁书社，1993 年，第 36、87 页。
② 阳谷县地方史志编纂委员会编：《阳谷县志》，北京：中华书局，1991 年，第 37—39 页。
③ 高青县地方史志编纂委员会编：《高青县志》，北京：中国社会出版社，1991 年，第 39 页。

口 0.2 万，其余 4 镇合计人口 0.2 万。也就是说，青城镇的每镇商号只有 7 家。这一估算可以得到检验。《调查录》记载高苑商号 24 家，2 镇，设此为县城商号，县城人口只有 0.2 万。数据吻合。

其三，"镇"与"集镇"是不同的概念。《调查录》记载菏泽县人口 37.5 万，商号 132 家，集镇 70 个。很显然，菏泽的"集镇"与《调查录》的"镇"口径不符。假定只有 4 镇，约有商号 80 家，全县商号则为 212 家。《菏泽市志》称，清末民初菏泽市内计有布庄 13 家，食油、烟草 4 家，饮食业 150 余家。[①]饮食业之外的其他行业商号太少。以此估计，全县商号 212 家并不离谱。以此估算 1919 年县城人口 1.2 万，全县城镇人口 1.9 万。据《菏泽市志》，1949 年市区非农人口达 1.9 万[②]，数据匹配。

其四，有些地区城市化水平低，县城小，无市镇。《调查录》记载嘉祥商号 32 家，对应县城人口 0.3 万。直到 1949 年，嘉祥县城人口仍为 0.3 万，全县城镇人口 0.5 万。[③]齐东县的例子也相当典型。清代后期，因黄河冲刷，齐东县城大部崩塌，几户商民在远离黄河之处购地 14 亩，重建县城。在《调查录》中，齐东县有 122 个商号，却有 10 个镇，每镇商号以 10 计，县城商号也只有 22 个。正因为县小，县城小，1949 年以后，齐东县并入高青县。在齐东县，虽有镇名，却无镇。博平无镇，《调查录》记载商号只有 31 家，《农商会四》却记载商号 115 家，对应城镇人口 1 万，是合适的。

其五，在交通便利地区，遇有规模特别小的县城，需多加小心。如邹县，《调查录》记载全县人口 24.6 万，7 镇，虽然"为县境著名村镇，然皆商业萧条"。商号 48 家，其中 5 个为洋纱庄，系 1912 年以后设立。假定其全部集中于县城，也只有人口 0.4 万。《农商表二》记载

---

① 山东省菏泽市史志编纂委员会编：《菏泽市志》，济南：齐鲁书社，1993 年，第 233 页。

② 山东省菏泽市史志编纂委员会编：《菏泽市志》，济南：齐鲁书社，1993 年，第 56 页。

③ 山东省嘉祥县地方史志编纂委员会编：《嘉祥县志》，济南：山东人民出版社，1997 年，第 58、117 页。

商号 110 家，对应人口 1 万。1948 年县城人口 1.2 万 [①]，与《农商表二》数据相合。可判断《农商表二》所载为县城商号。设 1919 年县城暨全县城镇人口 1 万。

其六，在那些人口少的县份，如见有大量的商号记载，亦应小心。《调查录》记载蒙阴人口 18.1 万，无镇，却有 300 个商号。《调查录》称："交通不便，又无重镇，故商务异常萧条。"蒙阴的商号口径与其他县城差异太大，姑且搁置。

（三）县人口与城镇人口的关系

在交通便利地区，齐河、淄川、长清、泰安、滋阳、曲阜、宁阳、滕县、郓城、莱阳、昌邑、高密、益都、临淄、寿光、昌乐、安邱、陵县、邹县、临朐、馆陶、武城、寿张、夏津、栖霞、平度等 26 县人口与城镇人口的关系见图 1。

在交通困难地区，邹平、桓台、齐东、济阳、新泰、莱芜、肥城、惠民、阳信、利津、乐陵、商河、泗水、汶上、嘉祥、鱼台、临沂、费县、沂水、曹县、单县、城武、巨野、聊城、博平、清平、冠县、恩县、临邑、东阿、朝城、东平、菏泽、郯城、金乡、德平、博兴、高唐、招远、高苑、观城、茌平、定陶、阳谷、青城、滨县和沾化等 47 县人口与城镇人口的关系见图 2。

由图 1 和图 2 可以得出结论：无论在交通便利还是在交通困难地区，一个县的城镇人口与该县的人口总量密切相关；且相关水平基本一致。将交通便利地区与交通困难地区的数据合而为一，所得齐河、邹平等 73 县人口与商号的关系如图 3。据图 3 可以得出：在现代交通没有产生影响的地区，一个县城商业规模或城镇规模主要由该县的人口规模来决定。

---

① 山东省邹县地方史志编纂委员会办公室编：《邹县简志》（内部印行），1986 年，第 56 页。

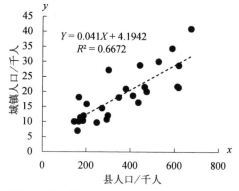

图 1　齐河等 26 县人口与城镇人口的关系

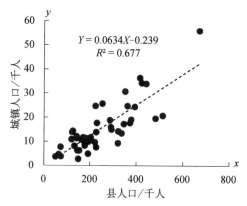

图 2　邹平等 47 县人口与城镇人口的关系

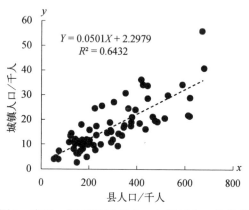

图 3　齐河、邹平等 73 县人口与城镇人口的关系

五、检验与结论

（一）检验

关于府城。对于《调查录》缺载的地区，根据商号推得城镇人口，再根据其他资料进行校验。如推得益都县城人口 2.2 万。《鲁豫晋三省志》记为 5 万。推得沂州府城暨临沂县城人口 4 万，《鲁豫晋三省志》记为 10 万。推得曹州府城菏泽县城人口 1.5 万，《鲁豫晋三省志》记为 5 万，且称"通东西门大街为商业地，商廛甚少"。推得东昌府城暨聊城县城人口 1.1 万，《鲁豫晋三省志》记为 2 万余，且称"户口殷实，虽不及往昔"云云。推得武定州城暨惠民县城人口 0.9 万，《鲁豫晋三省志》记为 4 万。总之，关于府城人口，《鲁豫晋三省志》所载要多得多。由于在 1953 年山东省的 10 个市中，最小的临清市为 4.6 万人口，且鲁西地区遭受的战争破坏小，所以，《鲁豫晋三省志》所载上述各府城人口，大多是夸大的。

《农商表二》记载益都商号 172 户，比推得的商号数据还要低许多。《农商表二》记载聊城商号 165 户，惠民商号 142 户，如包括县城之外的镇商号，则与推测数据相符。

关于县城。由于缺乏数据，至少有日照等 12 县城镇人口无法求得，却可以根据图 3 中的模型 $Y=0.05X+2.3$ 计算得出，其部分结果则可用其他资料加以验证。

在日照县，依上式计算得出全县城镇人口 2.7 万。《调查录》只记载日照县城有 15 家著名商号，又称商业状况，"不甚畅旺"。《日照县志》给出解释，1916 年"因遭江苏潮河贼寇抢劫，部分商号被洗劫一空"，与诸城情况类似。《日照县志》还记载："至清末，石臼所、涛雒、夹仓、安东卫及日照城逐渐成为商业重镇。"①其中的县城和涛雒、安东卫,是《调查录》中的三个警区。关于商号数量,《日照县志》继续说:"清末,山西人郭西来此经营土产杂货,商业渐有发展,经营土产、杂货、海产品、包烟的商号已达 72 家,并与上海、大连、连云港等地通商。"然分镇而论,清末民初,夹仓有商号 30 多家,石臼所有各种商号 70 余家,旅店 30 多家,小铺店百余户。也就是说,在 1916 年之前,夹仓与石臼两镇的商号就多达 230 余家。小铺店不计入,也有 130 家。尽管日照县城不是全县商业中心,但加上涛雒、安东卫和县城,全县较大商号达到 300 家是可能的。如此,则可对应城镇人口 2.7 万,与上式计算所得结果相同。

在诸城县,依上式测得城镇人口 4 万。《调查录》记载诸城县城只有 9 家商号,并称:"屡遭兵燹,损失过巨,以致商业极形凋散。"《诸城县志》称:"清光绪三十年,境内个体经商者达 12 479 人,其中外出青岛、烟台、奉天等地经商谋食者 3248 人。民国初年,因屡遭兵燹,个体商户损失过重,纷纷倒闭或关门停业。"看来,民国初年的兵燹使诸城商业全面崩溃,是不争的事实。如果全县城镇人口果真为 4 万,则每一个商业从业人员对应 3.2 人,与济宁之 3.4 人接近。采用上述模型测算出来的结果并没有考虑到民国初年兵燹造成的破坏,这是需要特别加以说明的。《农商表一》和《农商表二》所载诸城商号分别为 200 家和 120 家,反映了民国初年的这一变化。

《诸城县志》还称,1934 年"境内较大商号发展到数百家,其中县城较大商号 200 余家,小本经营的字号百余家"。以每个大商号对应 90 人计,县城人口大约 1.8 万。事实上,1936 年县城人口 1.9 万,1949 年 1.3 万,1956 年非农人口 0.5 万。②在诸城,县城人口不是非农人口,

---

① 山东省日照市史志编纂委员会编:《日照市志》,济南:齐鲁书社,1994 年,第 331—332 页。
② 山东省诸城市史志编纂委员会编:《诸城市志》,济南:山东人民出版社,1992 年,第 119—297 页。

县城之外的非农人口才是非农人口。从 1936 年至 1956 年，城镇人口的水平没有变化。从这一连串数据看，清代末年诸城县城人口 1.8 万，一度因兵燹降至 1 万。

在平阴县，依上式计算得出全县城镇人口 0.9 万。《调查录》记载平阴县城"钱商十家"，又称："近数年来稍称发达。"《平阴县志》称，清末民初县内有盐店、酱园、酒店等较大商号 80 家，其中县城内 40 家，其余分散于东阿镇（旧东阿县城）、孝直、孔村、栾湾、旧县等较大村镇。[1]如果加上 10 家钱商，县城商号 50 家，全县商号 90 家，对应城镇人口 0.8 万，与估算值接近。

在定陶县，《调查录》记载商号 35 家，3 镇。每镇 20 家商号，全县商号 95 家。依商号数量求得全县城镇人口 0.9 万。《定陶县志》记载："清末全县有私营户 98 家。"较有名的商号多位于县城的几条大街上。[2]对应人口 0.9 万。依上式计算得出全县城镇人口 1.1 万。三种算法数据基本相合。

（二）结论

据附表，即便摒弃修正过的数据不用，仅采用《调查录》中可靠无误的原始数据，各县人口与各县城镇人口之间的相关依然成立。各变量值相差不大，兹不一一列出。总之，在 1919 年现代交通没有产生影响的山东地区，一个县的城镇人口（Y）由一个县的总人口（X）来决定。在山东省，这一关系式为 $Y=0.05X+2.3$，或可推广至华北其他地区。

---

① 平阴县地方史志编纂委员会编：《平阴县志》，济南：济南出版社，1991 年，第 250 页。
② 山东省定陶县县志编纂委员会编：《定陶县志》，济南：齐鲁书社，1999 年，第 305 页。

附表　1919年山东省分县城镇人口与城市化率

单位：千人

县名	全县人口	修正商号	镇或埠	城镇人口	县名	全县人口	修正商号	镇或埠	城镇人口
商埠与工矿：									
福山	292	1650	1	180	潍县	497	910	7	86
历城	616	2073	4	220	黄县	371	724	6	37
胶县	515	1837	3	140	峄县	297	284	3	37
长山	233	685	1	65	博山	131	200	4	48
交通发达地区：									
即墨	446	954	6	86	德县	287	870	3	69
文登	378	302	6	27	平原	142	260	6	23
荣成	185	282	2	9	禹城	212	456	3	31
海阳	288	495	4	30	章丘	457	463	9	41
蓬莱	277	369	3	22	济宁	260	365	2	67
牟平	414	293	6	26	临清	234	210	4	36
掖县	444	618	5	54					
交通便利地区：									
齐河	291	120	0	11	临淄	143	112	6	10
淄川	270	160	2	14	寿光	463	241	2	22
长清	379	233	3	21	昌乐	201	178	2	16
泰安	620	322	5	29	安邱	473	222	8	20
滋阳	167	202	4	18	陵县	161	80	6	7
曲阜	183	117	5	11	邹县	246	110	7	10
宁阳	298	135	6	12	临朐	347	200	2	18
滕县	588	383	6	34	馆陶	171	128	5	12
郓城	673	455	6	41	武城	165	114	3	10
莱阳	611	244	3	22	寿张	435	183	1	16
昌邑	526	330	5	30	夏津	188	135	4	12
高密	411	208	4	19	栖霞	301	303	5	27
益都	440	319	4	29	平度	617	240	5	22
交通困难地区：									
邹平	143	133	4	12	清平	123	153	6	14
桓台	222	275	2	25	冠县	162	121	4	11
齐东	119	122	10	11	恩县	201	130	3	12
济阳	253	286	5	26	临邑	126	162	4	15
新泰	147	72	1	6	东阿	291	169	2	15
莱芜	362	275	1	25	朝城	158	125	4	11
肥城	285	210	2	19	东平	343	190	7	17
惠民	322	160	6	14	汶上	372	195	6	18

县名	全县人口	修正商号	镇或埠	城镇人口	县名	全县人口	修正商号	镇或埠	城镇人口
阳信	229	195	4	18	菏泽	375	*212*	*4*	*19*
利津	136	90	2	8	郯城	482	*216*	4	19
乐陵	444	377	3	34	金乡	335	*151*	4	14
商河	320	105	4	9	德平	227	*155*	6	14
泗水	170	132	3	12	博兴	218	*109*	4	10
嘉祥	149	32	0	3	邱县	73	85	5	8
鱼台	196	111	2	10	高唐	142	*126*	5	11
临沂	670	623	6	56	招远	200	*124*	5	11
费县	415	405	5	36	高苑	72	*44*	2	4
沂水	513	230	7	21	观城	63	*52*	3	5
曹县	423	380	3	34	茌平	198	*115*	4	10
单县	393	269	4	24	定陶	176	*95*	3	9
城武	189	56	0	5	滨县	225	*86*	2	8
巨野	352	343	4	31	沾化	155	*71*	4	6
聊城	182	127	6	11	阳谷	291	*120*	2	16
博平	170	115	0	10	青城	52	48	4	4
推测人口:									
日照	500	*303*	4	27	莒县	725	*428*	4	39
诸城	750	*442*	3	40	广饶	320	*203*	4	18
范县	136	*101*	7	9	平阴	141	*104*	4	9
濮县	380	*237*	6	21	堂邑	173	*122*	4	11
无棣	181	*126*	4	11	莘县	118	*91*	2	8
蒲台	97	*79*	2	7	蒙阴	181	*126*	0	11

注：标斜体字的数据是修正数，过程见正文

A Study of the 1919 Shandong Urban Population: Centering on the Historical Document The Investigation of Counties in Shandong

Shuji Cao

Abstract: The essay uses various sources to verify the information in

The Investigation of Counties in Shandong and discovers that each firm in the 1910s served 90 urbanites. This research further reveals the relationship between the urban population (Y) and the population of the entire county (X) where modern transportation did not wield any influence. In Shandong Province, the relationship could be expressed by the formula $Y=0.05X+2.3$. Such a relationship might work for other places in northern China, but it requires detailed empirical study.

Keywords: Shandong, urban population, firm

阶层流动、选择性移民
与工业革命的实证研究

Gregory Clark

摘要： 本文着重介绍了 Clark 三个方面的实证研究：第一，采用姓氏方法研究社会阶层流动问题。尽管 13 世纪以来英格兰的经济结构、社会思想、政治制度发生了巨大变化，社会阶层流动却没有得到改善，代际弹性维持在高水平，这一结论同样适用于美国、瑞典、日本、中国等其他国家。第二，英格兰北部老工业区的衰落问题。结论是英国北部工业区衰落的原因在于受过教育和有技术的人才有选择地从北方移民到南方，而非北方本身的位置因素。第三，证明用政治制度、专利制度或人口的质量-数量取舍机制来解释工业革命的发生不被经验事实支持。

关键词： 阶层流动；姓氏方法；选择性移民；工业革命；文献综述

一、财富、姓氏和社会阶层流动

社会流动性向来是社会学家和经济学家努力探索的主题，Clark 从 2007 年开始通过姓氏资料研究社会阶层流动性。首先，姓氏是一个内生性和选择性偏误较小的群组。虽然，历史上既有社会下层的成功者改姓精英姓氏以提升社会地位，也有社会精英改姓普通姓氏消灾避祸。但是，这种改姓还是非常罕见的，通常不超过人口的 1%。此外，通过姓氏可以获得长时段的代际流动信息。Clark 以姓氏为手段，以特定家族的变化为观察点，提出尽管经济结构、社会思潮和政治制度在过去几百年都出现过剧烈变化，但是经济上"富者愈富，贫者难富"的现象仍旧存在，也就是说社会阶层流动并没有因为社会或者政治变革而有所改善。这种财富传承不受外在经济、社会和政治因素变动影响的现象，并不仅仅发生在工业革命发源地的西欧大陆，人口同质性极高的中国和日本，被称为"民族大熔炉"、高度异化的美国社会，都同样没有跳出这个定律。此外，对印度、韩国、智利等国家的研究，结果也基本支持这一论断。

（一）英格兰——社会流动变快了吗?

1. 中世纪的英格兰——封建时代的流动性

使用姓氏资料，在一定程度上是依靠西方国家姓氏的特殊性。在研究中世纪英国的社会阶层流动时，Clark 等人采用了四组姓氏进行对比分析，第一组是起源于 1250—1300 年的工匠姓氏，即具备一定技术的工人，比如 Smith 意指金属工匠、Walker 原意为漂洗工、Dexter 原指染工、Baker 意指面包师，拥有这些姓氏的人在英格兰并非社会底层家族，居于中等或中下等的社会地位。第二组选的是精英姓氏，是以城镇和村庄的名称命名的地名姓氏，例如 Normandy，Montgomery，Berkeley，Hilton，Barton 等，这些姓氏占牛津大学和剑桥大学 13 世纪时学生姓氏的近半数。第三组更精英的群体是 1236—1299 年出现于遗产调查（inquisitions postmortem，简称 IPM）的地主所拥有的罕见姓氏。第四组姓氏群体属于超级精英阶层，是记录在 1086 年《末日审判书》（Doomsday Book）里的财产所有者，1066 年英格兰诺曼底征服者的姓氏。

为了追踪这些人的社会阶层流动性，Clark 查阅了自 12 世纪以来牛津和剑桥大学的学生名单、受到坎特伯雷大主教特设法院（Prerogative Court of the Archbishop of Canterbury，PCC）认证的遗嘱和国会成员名单等资料，如果社会流动性较强，这些姓氏出现的频率就会越来越低，因为来自其他背景的人将逐步占据享有声望的地位；如果社会流动性弱，这些姓氏所占的比例就会基本保持一致。他发现自 13 世纪以来，经历了科学革命、启蒙运动和工业革命等重大变革的英国，工匠姓氏群体享有向上的流动性，1350 年以后，工匠姓氏开始在大学大规模取代其他姓氏，但是长期来看，工匠姓氏群体的代际相关性一直比较稳定，介于 0.75—0.85。社会流动性从来就不快，但历经许多世代后，社会所有阶层都有平等的进入上层社会的机会。

与此相对，精英阶层的人群社会地位在几百年内表现出了向下流动的迹象，但是长期看，其代际相关性依然保持在 0.8 以上。1320—2012 年，姓氏地名群体的代际相关性保持在 0.86，这意味着所有家庭整体社会地位近 3/4 来自于世代的遗传。IPM 姓氏群体的地位在 1230—1250 年达到顶峰，当时他们出现在大学的频率是一般人的 30 倍，此后，代际相关性迅速向均值回归，但 1500 年以后，回归均数的速度进一步减缓，1500—2012 年，IPM 姓氏群体的代际相关性保持在 0.93 的高水准，这暗示了现代英格兰社会流动性实际上比中世纪的英格兰还要低。诺曼姓氏群体在 1170—2012 年平均代际相关性同样是 0.93。尽管代际相关性很高，不同姓氏的社会地位仍一直在持续稳定地回归均值，长期来看，所有人终将平等，但是这个过程极其漫长。此外，如果 Clark 估计出来的代际相关性对于中世纪和现代英格兰整体都适用，那么将有超过 4/5 的社会和经济结果取决于出生，这是一个令人悲伤的结果（表 1）。

表 1　1380—1858 年各精英姓氏群体财富的代际相关性估算

项目	所有 PCC 认证遗嘱 1380—1858 年	高地位 PCC 认证遗嘱 1440—1858 年	牛津与剑桥学生 1170—1590 年
工匠姓氏	0.85	0.85	0.80
地名姓氏	0.74	0.84	0.86
来自 IPM 的姓氏	0.79	0.84	0.86
诺曼姓氏	0.85	0.88	0.90
平均值	0.81	0.85	0.85

根据 PCC 的认证遗嘱资料，假设这些遗嘱认证中的姓氏在 1680 年后占顶层 5%的财富分布，表 1 显示了这四类姓氏群体的代际相关性，估计值落在 0.74—0.85 的范围内，工匠姓氏向上流动的速度与中世纪精英阶层向下流动的速度一样缓慢。

Clark 检验的姓氏资料证明 1300—2000 年知识、经济和社会的进步并没有带来很大的社会流动，即便是经历了工业革命这样历史性的变革后，英格兰的社会流动性速度依然表现出了不可思议的稳定性。

2. 现代英格兰的社会流动性

当姓氏成为一个人的血缘背景关系的标志和符号，社会普遍根据姓氏判断血统出身时，姓氏就成了家庭血统、出身背景等信息的载体，如果人们明确知道某些姓氏意味着高地位或者低地位，那么这种认知本身就可能影响社会流动。常见姓氏往往接近现代英格兰的平均社会地位，对照之下，罕见姓氏在社会地位上的差异可能很大，因为这些姓氏大部分鲜为人知，因而完全不带有特定社会地位的意味。通过关注那些姓氏罕见的人，可以将任何一代人区分为社会中的富裕、中等和贫穷阶层。Clark 和 Cummins 在 2014 年使用罕见姓氏追踪了英格兰家庭代际财富流动，发现财富在家庭多代中的传递性较强，相隔五代的家庭财富代际相关性依旧显著，这一发现与财富流动的标准估计相一致。通过建立财富继承的马尔可夫过程，作者估算出 1858—2012 年，英格兰财富继承的代际弹性为 0.70—0.75，与中世纪的英格兰相同，这一时期，社会和经济的巨大变化对家庭财富继承的影响非常小。

人们对财富的代际流动有着浓厚的学术兴趣，然而，对于大多数国家来说，直到最近，也几乎没有关于财富代际流动性质的系统性证据。以英格兰为例，唯一的一项相关研究就是 Colin Harbury 和 David Hitchins（1979）比较 1902—1973 年富裕父亲和儿子去世时财富的研究。那么，在英格兰，人们去世时财富继承的代际弹性是什么？当政府采用征税的方式对收入和财富进行再分配后，财富继承的代际弹性会有变化吗？

Clark 和 Cummins 利用一个新建数据库记录了 1858—2012 年英格兰和威尔士 21 618 位罕见姓氏的人在去世时的财富，以此来估算五代人之间财富继承的代际弹性。这几代人经历了非常不同的社会和经济制度，特别是对于 1945—1980 年的高收入群体，收入和遗产财富的征税变得非常重要。因为使用罕见姓氏进行研究，在大约 1/5 的样本中，可以将许多人与他们的父辈联系起来，并以传统方式估计财富继承的代际弹性。但这种联系在很大程度上取决于对 1770—2012 年可能揭示家庭关系的大量记录的人工检查。他们发现，以这种方式测算的代际弹性平均为 0.43—0.50，并且，几乎没有证据表明几代人之间的代际弹性会发生变化。这一结果与 Harbury 和 Hitchins 使用 1902—1973 年数据估计的结果相近。它还表明，英格兰的财富流动率与对收入流动率的估计相符。

个体联系的结果表明，在不同的社会和经济体制中，人们去世时财富继承的代际弹性是很稳定的，这一点本身就很有趣。但是，如果把人们按姓氏队列分组，以此来建立代际联系，就会发现，各代人之间的财富继承的代际弹性要大得多，所有时期姓氏队列财富的代际弹性都接近 0.75。这种弹性是非常强的，因此，最初一代平均财富最高的姓氏（1858—1887 年）即便是在 1999—2012 年也是最富有的。而且，如果把过去七个世纪分成不同时间段，英国社会财富阶层的连贯性基本没有变化，富有的姓氏有 70%—80% 的可能性一代后继续富有，有 50% 左右的概率在两代后仍然富有。

1）罕见姓氏群体的平均财富

每个姓氏群组在每一时期的财富，以死亡成人拥有的平均财富来计算。由于人们死亡时财富的分布是偏态的，因此采用取对数的方法来使其更接近于正态分布。此外，由于 1858—2012 年平均财富的名义价值大幅增加，因此对每一时期每个人死亡时的财富进行标准化。以此为基础，构建衡量 1858—1887 年每个候选姓氏平均财富的标准：

$$w_k = \frac{1}{n_k} \sum_{j=1}^{n_k} \ln(\text{wealth}_{kj}) - \overline{\ln(\text{wealth})}$$

其中，n_k 是这些年每个姓氏中在 21 岁及以上年龄死亡的人数。

按照上述标准计算出的 1858—1887 年的罕见姓氏的平均财富，Clark 和 Cummins 将罕见姓氏分为四种类型。其中，两个富裕群体是富裕阶层（the rich，$w_k > 4$）和小康阶层（the prosperous，$4 > w_k > 1.5$），一个贫穷阶层（the poor，$w_k < -0.3$），还有一个是中等阶层（the average，$1.5 \geqslant w_k \geqslant -0.3$）。此外，考虑到随着时间的推移，平均死亡年龄也在增加，为了让接近 30 年的人在平均出生日期上也产生 30 年的差异，因此将样本分组，产生 1815 年、1843 年、1872 年、1902 年和 1925 年的平均出生日期。随着时间的推移，样本中的姓氏数量在不断下降，因为随着生育率和死亡率的变化，罕见姓氏可能会消失（表 2、图 1）。

表 2 不同时期罕见姓氏的平均财富

年份	富裕阶层	小康阶层	贫穷阶层
1858—1887	5.23	3.04	−0.64
1888—1917	3.31	2.47	−0.43
1918—1952	2.28	1.66	−0.44
1953—1987	1.67	1.22	−0.10
1999—2011	1.34	1.06	−0.11

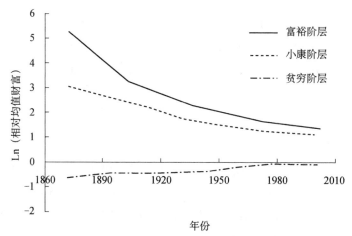

图 1 姓氏群体不同代际的平均财富

2）财富继承的代际弹性

Clark 和 Cummins 利用罕见姓氏的死亡财富数据，从两个方面估计了 1858—2012 年英格兰财富继承的代际弹性。第一种是传统的方法，利用父亲和他们的儿子以及未婚女儿之间的联系，通过估计方程中的 β 来估计代际弹性。一个人死亡时拥有的财富可以分为两个部分：第一个部分是系统性的，是在几代人之间传承下来的；第二部分是非遗传性的机会成分，υ_{it} 就代表这部分非遗传因素：

$$w_{ijt+1} = \alpha + \beta w_{jt} + \delta \text{DFEM}_{ij} + \upsilon_{it}$$

其中，j 代表父亲，i 代表 j 父亲在 1858—1887 年、1888—1917 年、1918—1959 年、1960—1993 年和 1994—2012 年死亡的子女，DFEM 是一个虚拟变量，当子女是女儿时，DFEM=1，否则就是 0。结果显示，

1858—2012 年，父辈与其子女之间的财富继承的代际弹性平均值为
0.43。尽管近几代人财富的流动性有所增加，但是长期看，财富继承的
代际弹性是稳定的。1882 年以前的英国，妻子的所有财产都被归入丈
夫的遗产。如果排除这一因素，只考虑经过遗嘱认证的父亲，代际弹
性的平均值会提高到 0.5。同样地，在最近几代中，这一弹性没有任何
下降的迹象。

财富继承的代际弹性的另一种估算方法，是把 t 时期的父母和子女
归为一组，用 k 表示，利用姓氏群体，通过测量富裕（rich）、小康
（prosperous）和贫穷（poor）的姓氏群体之间的财富向平均财富的转移
速度来估计代际弹性：

$$\beta_A = \frac{\overline{w_{ikt+1}}}{w_{ikt}}$$

以这种方式计算出来的财富继承的代际弹性很高，富裕阶层是
0.71，小康阶层是 0.77，贫穷阶层是 0.64。如果把比较富裕的这两个群
体结合起来，他们财富继承的代际弹性为 0.74，而随着时间的推移，
财富流动性没有任何变化的迹象。

Clark 和 Cummins 的研究发现：第一，单代之间姓氏群体财富
继承的代际弹性比个体家庭大得多；第二，尽管经济和社会制度发
生了巨大的变化，但 1858—2012 年期间，各代人财富继承的代际
弹性无论是在个人还是在姓氏群体层面都保持了稳定；第三，单个
家庭财富的代际弹性，以及子女与祖父母、曾祖父母之间的代际弹
性都很强烈。这就表示，财富将在多代人家庭中持续存在。这也意
味着种族、宗教和族裔群体之间财富的差异也将在几代人之间持续
存在。

除了财富，Clark 还通过罕见姓氏追踪了教育和政治权利在现代英
格兰的社会流动性。结果是，代际相关性介于 0.73—0.80，而且从 19
世纪以来并未下降。罕见姓氏占牛津、剑桥大学学生的比重 100 多年
前是这些姓氏占整个英国人口的 8 倍。到现在，这些姓氏的牛津、剑

桥学生占比还是他们在整个英国人口占比的 2 倍。自 13 世纪以来，精英姓氏子女比一般姓氏更能进牛津、剑桥等大学，至今仍未改变，如果用政治精英取代贵族大学的就学机会，那么，在英国，政治精英阶层自 13 世纪以来则更加固化，"官二代"有 91% 的可能性继续成为政治精英。尽管出现了现代经济增长、大众教育、政治选举权扩大以及福利国家制度，现代英格兰的社会流动也只比中世纪有小幅提升。

（二）姓氏研究方法在其他国家和地区的应用

采用姓氏研究得出的代际相关性，比传统方法都要高很多。英国之外，Clark 还从在美国、瑞典和中国等地的研究中得到了一致结论。

他们在瑞典所做的姓氏研究，得出了一个令人惊讶的结论。根据主流的测量，瑞典社会被认为已经实现了低度不平等、教育普及和迅速的社会流动的现代瑞典，其社会流动性要比英国和美国高。但是 Clark 采用姓氏研究对瑞典贵族院成员进行了分析，发现瑞典的代际相关性达 0.7—0.8，是一个财富、职业和教育的代际流动率很低的社会，并不比英国或美国高，也不比 18 世纪君主统治下的瑞典社会流动更快。在历史上，当瑞典上流社会家族进入贵族院时，都会改用一个新的姓氏以显示其等级，另一些贵族姓氏则源自德语或拉丁语。通过姓氏研究，Clark 发现在律师、医生、皇家学会会员和大学研究生中，这些贵族姓氏的相对比例比平均数高很多。瑞典近一百年的社会民主已经创造出一个经济上更平等的社会，但这无法改变根本的社会流动率（表 3）。

表 3　瑞典 1700—2012 年以职业估测的代际相关性

研究对象	1700—1900 年	1890—1979 年	1950—2012 年
律师	—	—	0.73
医生	—	0.71	0.80
大学生	0.80	—	0.67
皇家学院成员	0.88	0.75	0.83

姓氏研究还被运用在中国。在中国，汉族使用的姓氏很少，只有大约 4000 个，约 85%的汉族人口使用 100 种常见的姓氏。郝煜和 Clark（2012）从《明清进士题名碑录》中找出了 13 个姓，带这些姓的人比王、李、张这"三大姓"获得进士的比例高至少 4 倍以上。同时考虑到地理位置在中国对于社会地位仍有影响，拥有这 13 个清朝精英姓氏的人口集中在江南一带，因此选择顾、沈、钱这三个在长江中下游只有一般地位的地区常见姓氏作为对照。为了分析清朝精英姓氏在不同的现代中国精英群体间的分布，他们选择 1912—1949 年国民党政府的高级官员、2012 年中国排名前十的大学的教授、2006 年登记资产 150 万美元以上企业的董事长、2010 年中央政府行政机构官员这四个"精英"群体。结果显示，相较于"顾、沈、钱"三大姓，13 个清朝精英姓氏在晚近中国精英间的代表性几乎和婆罗门姓氏在印度精英间一样，这说明尽管中国在 20 世纪经历了多次革命和战争，明清时代的"贵族"群体，到了 21 世纪还是社会精英，宗族姓氏一旦进入精英阶层，社会阶层可以跨越朝代、跨越体制地固化下去。

中国的情况并非孤例，日本在第二次世界大战后推动民主、厉行教育均等化，但是代际传承系数值高居不下，政商财阀皆为"世家"；印度 1947 年独立以来推行民主的一个重要举措就是规定低种姓人群在大学生和选民中的最低配额，但其代际传承系数值最近 50 年仍然维持在 0.89；美国精英大学录取对少数族裔和低收入阶层的优惠也没有提高社会流动性。公共政策似乎不能提升社会流动性，而工业化、城市化和技术革命可能是更重要的降低社会阶层固化度的力量。文化和社会资本的代际传递比物质资本的代际传递更重要，而前者很难被累进税或高遗产税等公共政策再分配，决定学历和劳动力市场结果的更重要的因素是家庭和社会网络。[①]

---

① 陈志武：《量化历史研究告诉我们什么？》，2015 年 1 月 14 日，https://mp.weixin.qq.com/s/v1zCaP qOHscaZBdMkrN3xQ.

二、老工业区为何衰落？

英格兰北部曾是工业革命增长集中的地区，纺织业、钢铁业和煤矿业都集中在这里。然而，这些地区现在是英国经济中收入最低的地区。发达经济体普遍存在地区差异，如意大利南部、民主德国、西班牙南部、法国西北部、比利时南部也有类似的情况，早期工业化地区现在明显更加贫困。这些区域差异是否拥有相似的形成过程？

尽管英国政府提供了大量地区援助，英格兰北部和威尔士的人均产出、教育程度和预期寿命仍落后于南部（表 4）。公共部门就业所产生的产出份额越大，表明政府对英格兰北部和威尔士的援助越多。北

表 4　2012—2016 年英格兰北部、威尔士和南部的情况对比

地区	2015 年人均增加值/人	2012—2014 年男性出生时的预期寿命/岁	每 1000 个年龄16—17 岁的人就读于牛津大学和剑桥大学的人数/人	2015 年房屋平均价值	公共部门就业占比/%
北部	20 821	78.2	2.6	134 981	18.6
威尔士	18 002	78.5	1.9	145 293	20.8
南部	28 207	80.3	4.7	247 697	15.5

方地区在人均产出方面的劣势实际上由来已久。Nick Crafts 对英格兰和威尔士 1871—2001 年人均区域产出的估计表明从 1871 年开始，尽管工业革命的主要产业仍在蓬勃发展，但相对于东南部而言，英格兰北部和威尔士已经处于不利地位（图 2）。自 1990 年以来，这种不利因素逐年增多，但追根溯源这种衰落还要早得多。

对此，Clark 和 Cummins（2018）分析认为，北方衰落的原因有两种可能的解释。第一种解释是"坏位置"假设，即居住在北方是一个区位劣势。给定同样的先天能力，与南方相比，北方人的教育成就较低，社会成果较差，经济生产力较低。这一劣势的根源可能部分或全部来自南部受教育程度更高的人的正外部性，正如新经济地理学理论

所假定的那样。但不管来源是什么，这意味着，如果一个给定天赋的人从北方搬到南方，他们的社会和经济成果将得到改善。

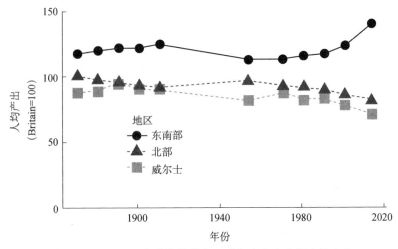

图 2　1871—2014 年英格兰北部、威尔士和东南部人均产出

这个假设导致部分学者认为应该放弃限制性的南方土地使用政策，提高住房成本，通过促进人们迁移到更繁荣的南方，可以使北方人民受益。Leunig（2008）指出，十年的重建政策未能阻止北部城镇和东南部城镇之间机会不平等的加剧。他建议人们离开北方，呼吁"失败的"利物浦的人们搬到南方。Leunig 提出"城市无限制"（cities unlimited），呼吁扩大伦敦的规模，大幅扩大牛津大学和剑桥大学的招生人数。他写了一份报告，敦促未来的保守党政府放弃通过复兴利物浦和其他北方城市来"推动市场"的努力，而英国首相卡梅伦（David Cameron）对此持反对态度。

另一种解释是"坏人"假设，即北方衰落是由社会和经济能力更强的人从北方向南方选择性移民而产生的。如果一个给定天赋的人从北方搬到南方，他们的社会和经济结果不会改变。这意味着较高的失业率、较低的寿命和较低的教育成就可能只是反映了其余北方人口较低的固有社会经济地位。北方较贫穷的结果纯粹是一个选择问题。北方衰落也可能是以上这两种因素的某种组合。

为检验这两个解释, Clark 和 Cummins 从英格兰总登记处（General Registry Office）1840—1850 年的死亡记录中整理出 27 086 个北方姓氏和 60 158 个南方姓氏两组姓氏。第一组姓氏有 80%或更多的人在英格兰北部死亡。第二组姓氏在英格兰北部或威尔士死亡的人仅占 10%或更少, 即 90%或更多的死亡发生在南方。

　　图 3 显示了 1840—1973 年在英格兰北部出生的具有这些姓氏的人的比例。到 1973 年, 仍有 62%的北方姓氏持有人出生在北方, 只有 13%的南方姓氏持有人出生在那里。即使随着时间的推移, 二者有一些趋同, 姓氏仍是一个非常明显的地区存在。

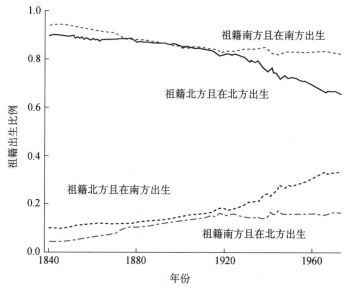

图 3　南北祖籍群体内的出生地比例变化

资料来源：1838—1973 年英国出生、结婚和死亡的 100%样本

　　根据"坏位置"假设, 由于北方居住着较多的人, 在这样的不利环境下, 近年来北方姓氏的地位应低于南方姓氏。在选择性假设下, 近年南北姓氏在地位上不应存在差异。此外, 居住在南方的北方姓氏人群应比南方其他居民的地位更高, 尤其是比居住在南方的南方姓氏

人群的地位更高。

正式来讲，如果 y 是一个结果度量，如教育、职业地位、财富或健康，并且假设在英国地区的建国人口中，平均先天能力没有差异，我们估计以下方程式中的系数：

$$y_i = \alpha + \beta_N N_i + \varepsilon_i$$

其中 y 是在个体水平 i 上测量的结果，N 是一个分类变量，若居住在英格兰北部或威尔士则为 1。我们始终观察到 $\beta_N < 0$。因此，北方似乎受到"北方效应"的影响。如果北方糟糕的区位条件是较差的经济社会表现的来源，那么当我们估计下式时，系数 β_{N^A} 也应<0，因为具有北方姓氏的人更容易受到北方恶劣地理条件的影响：

$$y_i = \alpha + \beta_{N^A} N_i^A + \varepsilon_i$$

其中 N^A 是一个分类变量，若个人姓氏的祖先来源是英格兰北部或威尔士则为 1。然而，如果北方较差的经济社会表现纯粹是选择的结果，没有外部影响，那么我们会发现 $\beta_{N^A} = 0$。最后我们也可以估计：

$$y_i = \alpha + \beta_{N_N^A} N_i N_i^A + \beta_{N_S^A} S_i N_i^A + \beta_{S_N^A} N_i + \varepsilon_i$$

其中 N 和 S 是分类变量，对于居住在北方和南方的人来说分别是 1，而 N^A 和 S^A 作为个人姓氏（祖籍）是北方或南方的分类变量。如果区位完全解释了北方更糟糕的结果，那么我们会发现 $\beta_{N_N^A} = \beta_{N_S^A} < 0$，$\beta_{S_N^A} = 0$。如果选择解释了所有的影响，那么 $\beta_{N_N^A} < 0$，$\beta_{N_S^A} = 0$，$\beta_{S_N^A} < 0$。关键一点是，如果地理位置本身对北方较差的经济社会表现起到了重要作用，那么 $\beta_{N^A} < 0$。

利用英格兰和威尔士 1837—1973 年（出生、死亡和婚姻）、1892—1992 年的遗嘱认证记录和 1999 年的选举登记册有 100%的生存记录样本，结合 1800—2016 年入读牛津大学和剑桥大学的学生样本、1856—2017 年英国注册医生的记录、1800—2017 年英格兰和威尔士所有议员的记录以及 2017 年按邮政编码分列的财产价值，Clark 和 Cummins 发现，英国北部工业区衰落的一个重要因素在于，受过教育和有才能的人有选择地从北方移民到南方。这种选择性移民从 1780—1809 年出生的那一代人就很明显,并且至少延续到1900—1929年出生的那一代人。姓氏分析还表明,来自英国以外的人也有选择地迁移到南方,如爱尔兰、苏格兰和巴基斯坦人中具有良好教育和经济才能的人更可能居住在英格兰南部。然而,尽管教育和人才有选择地向南方迁移,居住在北方的人所承受的社会或经济不利因素很少。没有迹象表明教育和人才集中在南部,或者让伦敦城市面积扩张得比北部城市大,会产生显著的外部效益。具有一定教育水平或能力的人从北向南迁移并没有获得任何好处。要么是教育或集聚缺乏外部效益,要么是这些效益非常脆弱,以至于它们完全被区域援助政策所抵消。

图4显示了1850—2009年10年间南北姓氏人群进入牛津大学和剑桥大学的相对入学率。如表4所示,尽管北方居民的总体入学率较

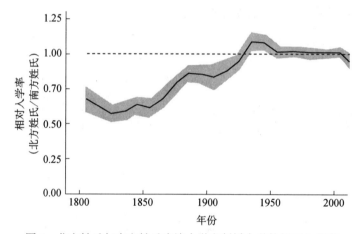

图4 北方姓氏与南方姓氏牛津大学和剑桥大学的相对入学率

资料来源:1838—1973年英国出生、结婚和死亡以及英国家庭数据的100%样本。置信区间是根据 $Var\left(\dfrac{x}{y}\right)=\dfrac{\overline{x}^2}{\overline{y}^2}\left[\dfrac{\mathrm{var}(x)}{\overline{x}^2}+\dfrac{\mathrm{var}(y)}{\overline{y}^2}-2\dfrac{\mathrm{cov}(x,y)}{\overline{x}\,\overline{y}}\right]$ 比率的标准误差计算的,其中 x 是具有北方姓氏的OxBridge入学者与北方姓氏持有者的比率,y 是南方姓氏的相应比例。假设 $\mathrm{cov}(x,y)=0$,则 $Var\left(\dfrac{x}{y}\right)=\dfrac{\overline{x}^2}{\overline{y}^2}\left[\dfrac{\mathrm{var}(x)}{\overline{x}^2}+\dfrac{\mathrm{var}(y)}{\overline{y}^2}\right]$,图5、图6置信区间计算方法相同

注:相对入学率是指北方姓氏群体后代入学牛津大学、剑桥大学的比例与南方姓氏相应比例的比值;灰色部分为相对入学率的置信区间

低，但从 19 世纪 50 年代到 20 世纪 30 年代牛津大学和剑桥大学的相对入学率来看，祖籍北方姓氏的入学率实际上随着时间的推移而上升。从 20 世纪 30 年代到 21 世纪祖籍北方姓氏与祖籍南方姓氏在牛津大学和剑桥大学的入学率非常接近。表 4 显示，那些有北方祖先名字的人移居到该地区以外，因此在牛津大学和剑桥大学的入学率必须高于平均水平，以抵消留在北方的人入学率较低的问题。有趣的是，据理论推测北方衰落的时期是北方人的后代在牛津大学和剑桥大学入学方面与南方人后代实现完全平等的时期。

图 5 显示了 1859 年、1883 年、1911 年和 1931 年医生注册记录中北方姓氏比例相对南方姓氏比例的比值。与牛津大学和剑桥大学相对入学率模式相似，19 世纪北方经济繁荣时医生中南方姓氏较多，而从 1931 年开始，这种平衡逐渐转向北方姓氏。

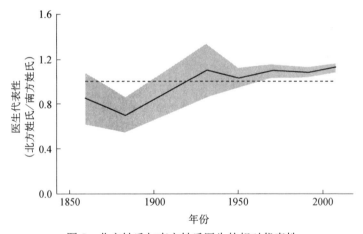

图 5 北方姓氏与南方姓氏医生的相对代表性

资料来源：1838—1973 年英国出生、结婚和死亡以及英国家庭数据的 100%样本

注：医生相对代表性是指北方姓氏群体中医生比例与南方姓氏群体中医生比例的比值；灰色部分为医生相对代表性的置信区间；虚线为比值的长期均值

图 6 显示了 1800—2017 年议会中议员的相对代表性 20 年的移动平均值。每位下院议员只有在第一次进入议会时才被计算在内。尽管 20 世纪以来北方经济衰退，北方姓氏的政治成就依然比南方姓氏的政

治成就更大。然而，北方议会选区的人口往往比南方选区少，因为在调整选区边界的周期内，南方的人口增长更快。这可能是北方姓氏在政治上相对成功的原因。

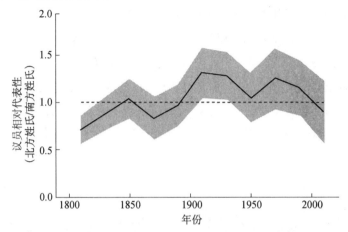

图 6　议会中北方姓氏与南方姓氏的相对代表性

资料来源：1838—1973 年英国出生、结婚和死亡以及英国家庭数据的 100%样本

注：议员相对代表性是指北方姓氏群体议员比例与南方姓氏群体议员比例的比值，灰色部分为议员相对代表性的置信区间，虚线为比值相等

表 5　2017 年按姓氏划分的邮区房价平均值

单位：英镑

姓氏	英格兰和威尔士	北方	南方
全部	287 217	164 969	347 835
英格兰	279 406	165 229	334 922
祖籍北方	227 147	163 767	363 333
祖籍南方	312 008	168 970	339 091
爱尔兰	275 762	155 376	363 528
苏格兰	295 928	165 829	380 549
巴基斯坦	306 757	146 479	387 392

再将 1999 年选举名单上的个人地址与 2017 年的房价数据通过土地登记处的邮政编码联系起来。表 5 按姓氏情况列出了各地区的平均房价。显然，居住在南方的北方姓氏比居住在南方的南方姓氏有更高的房屋价值。同时，在北方，即使北方本地姓氏邻居是原始北方人口的负向选择群体，南方姓氏的房屋价值不高于北方本地姓氏。可见，

南方向北方的迁徙也被负向选择了。

通过选举登记地址数据，我们还可以了解从英国境外到英国不同地区的移民选择。与三大移民流相关的姓氏是苏格兰（Scottish）、爱尔兰（Irish）和巴基斯坦（Pakistani）。这三个群体在英格兰南部都是正向挑选出来的。他们的房屋价值高于英格兰南部的南方姓氏。但是在北方，有爱尔兰或巴基斯坦姓氏的人是被负向选择的，甚至相对于同样被负向选择的国内北方人口而言也是如此。有苏格兰姓氏的人的房屋价值与北方土著居民差不多，这又一次意味着负向选择。因此，外来移民扩大了英国国内在经济和社会结果方面产生地区差异的选择效应。

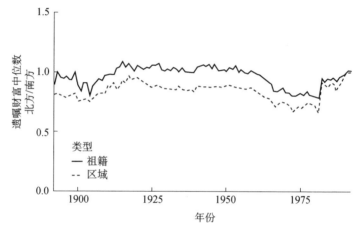

图 7　1892—1992 年按地区和祖籍（在任何地区死亡）划分的遗嘱财富

资料来源：1892—1992 年英国遗嘱认证日历的 100% 样本和 1838—1973 年出生、婚姻和死亡的 100% 样本

图 7 显示了 1892—1980 年死亡人中死于英格兰北方的人，其遗嘱财富中位数相对于在南方离世者的平均财富中位数通常要低得多，1892—1980 年的平均财富中位数比值为 0.82，这与表 4 的数据一致。同时在整个时间段中，北方姓氏和南方姓氏死亡者的财富中位数比率平均值为 0.96，说明北方姓氏的总体财富中位数与南方姓氏非常接近，而且他们的财富总是高于一直居住在北方的人。然而，从 1960 年到 1980 年，北方姓氏拥有的财富明显低于南方姓氏。

通过比较死亡登记簿和遗嘱认证日历的完整数字化，我们可以按祖籍和死亡地区（图 8）报告遗嘱认证率。这可以与按姓氏类型 i 观察到的平均财富相结合，得出所有亡者的平均遗嘱财富的 n 个估计值，如下所示：

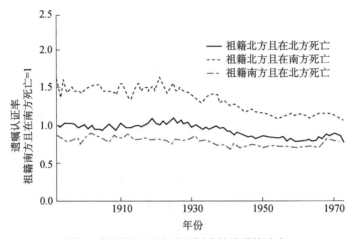

图 8　按祖籍和死亡地区划分的遗嘱检验率

资料来源：1892—1992 年英国遗嘱认证日历的 100% 样本和 1838—1973 年出生、婚姻和死亡的 100% 样本

财富估计中位数如图 9 和图 10 所示。

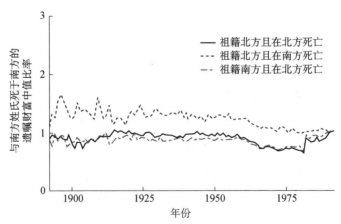

图 9　1892—1992 年按祖籍和死亡地区划分的遗嘱财富中位数

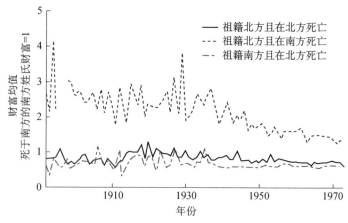

图 10　1892—1973 年按死亡地区和祖籍划分的平均财富

根据死亡地点可以确定南北姓氏。如图 9 所示，图中显示的是与在南方死亡的南方姓氏相比，在北方和南方死亡的北方姓氏以及在北方死亡的南方姓氏死亡时的财富中值。明显的证据表明存在有选择地从北方迁徙到南方。1892—1980 年的大部分时间里，南方的北方姓氏比南方本地姓氏更富有，但是在北方的北方姓氏则不如南方的南方本地姓氏富有。从南到北的迁移则是负选择性的，在北方的南方姓氏比在南方死去的同姓的财富要低，而且他们的财富不高于在北方被负向选择的北方姓氏人口。因此，这些到北方的南方移民也一定是从南方人口中负向选择的结果。

此外，利用婴儿死亡率和平均成人寿命也可以得到类似的结论。

作为对姓氏层面分析的补充，Clark 和 Cummins（2018）利用 1750—2018 年出生的 264 000 人的系谱数据库进行个人层面的分析。首先他们给 242 个职业类别的社会地位评分，再将分值赋予对应职业的个人。该分值是按职业划分的死亡时财富的对数平均值、按职业划分的高等教育学历平均频率和按职业划分的在 11—20 岁时接受学校教育或培训的平均频率的三者加权平均数。

据统计,父亲职业地位与儿子职业地位的相关系数为 0.65,因此父亲的职业地位是儿子职业地位的很好的代理变量,与移民对儿子职业地位的影响无关。表 6 显示了将父亲分为低地位职业(得分为 0—20 分)和高地位职业(得分为 30—100 分)的结果。对于父亲职业地位较高的人有一个一致的模式,即:在北方,死亡与出生的比例较小;在南方,死亡与出生的比例较大。在南方,死亡人数略有增加,而在北方,死亡人数则大幅减少。对于职业地位较低的人,情况正好相反。北方有所增加,但南方有所下降。只有 1900—1929 年出生期间,在北方出生的低地位群体的死亡率才有所下降。但即使在 1900—1929 年,更为精英的职业群体向南的移民也比地位较低的群体要强烈得多。

表 6   1780—1929 年社会地位与南北迁徙变化

单位:人

出生时间	父亲职业地位	在北方出生	在北方死亡	北方死亡/出生	在南方出生	在南方死亡	南方死亡/出生
1780—1809	高	54	54	1	383	412	1.08
	低	43	58	1.35	311	279	0.9
1810—1839	高	186	172	0.92	1061	1074	1.01
	低	173	226	1.31	1255	1071	0.85
1840—1869	高	293	224	0.76	1557	1613	1.04
	低	383	481	1.26	2044	1683	0.82
1870—1899	高	306	220	0.72	1386	1318	0.95
	低	738	750	1.02	2486	2131	0.86
1900—1929	高	177	134	0.76	790	813	1.03
	低	726	655	0.9	2238	2134	0.95
总计	高	1016	804	0.79	5177	5230	1.01
	低	2063	2170	1.05	8334	7298	0.88

注:职业得分>30 分为地位高,<20 分为地位低

用血统数据解决的另一个问题是,出生在北方或威尔士是否会受

到负面影响。对于给定的家庭特征（如父亲的职业、教育、遗嘱财富），一个孩子出生在北部或威尔士，与出生在南方相比是否不好？如果在北方出生不是不利因素，那么北方出生的系数将为0。

表7总结了北方出生对职业地位、财富和高等教育状况的影响。事实上，确实存在一个轻微的负面北方效应。控制父亲社会地位之后，职业地位在北方平均比在南方低0.9分。总体而言，与南方相比，北方财富减少了1%，这一差异在统计学上并无差异。对于获得高等教育或专业资格，两者之间的差异为0.013%，而平均为0.089%，这个结果在数量上较为显著。

表7 1780—1929年出生于北方对未来发展的影响

出生时间（年）	职业地位	财富（ln）	高等教育
1780—1809	−0.93	0	0.141
1810—1839	0.58	0.24	0.001
1840—1869	0.06	−0.02	−0.013
1870—1899	−0.94*	−0.12*	−0.008
1900—1929	−1.90***	−0.12*	−0.014
1780—1929	−0.92***	−0.01	−0.013**

注：控制了父亲的社会地位* $p<0.05$；** $p<0.01$；*** $p<0.001$

然而，对家庭背景中父亲的控制可能是控制不足或控制过度。如果北方提供了更差的机会，那么这可能已经被纳入了父母的地位。北方出生的轻微负面影响可能仅仅反映了职业和教育对潜在能力的不完善的代表。

北方地位较高的家庭对南迁的积极选择可以在总体姓氏记录中得到确认。图11显示了1840—1973年北方姓氏新生儿在北方出生的比例，第一组是1830—1859年牛津大学和剑桥大学学生出现最多的姓氏，也就是最精英的姓氏。第二组是没有成员上过牛津大学的姓氏。第三组是所有来自北方的中间姓氏。图11反映出所有姓氏都在南迁，与地位较低的姓氏相比，地位较高的姓氏向英格兰南部扩散得更快。

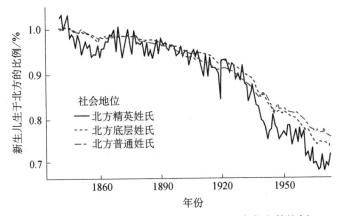

图 11　1840—1973 年北方姓氏新生儿出生北方的比例

资料来源：1838—1973 年出生、结婚和死亡以及英国家庭数据的 100% 样本

注：构建出生比例指标 a 度量北方姓氏群体新生儿出生地位置变化，设 1840—1849 年期间出生在北方的全部新生儿比例为 b，1840—1973 年每年出生在北方的新生儿比例为 c，则出生比例指标 a=b/c

    Clark 和 Cummins 的研究表明，英格兰北方衰落的经济和社会现状是经济和社会能力更强的人从北方到南方选择性移民的结果，而北方位置劣势的假说未能得到检验的支持。

    与集中在南方的姓氏相比，19 世纪初集中在北方的姓氏在教育、职业、政治权力或财富方面近年来并未处于不利地位。由于这些北方姓氏持有者现在甚至不成比例地分布在北方，该地区的任何地理劣势都会降低北方姓氏的平均社会地位。南方死亡的北方姓氏持有者比南方死亡的南方姓氏持有者更富有。有迹象表明，向北方迁移的移民是不太有能力的南方人。南方姓氏在北方死亡的人比北方姓氏在北方死亡的人更穷。这些在北方死亡的北方姓氏是一个被负向选择的群体，因此南方移民也必须被负向选择。当我们观察祖籍来自苏格兰、爱尔兰或巴基斯坦的姓氏时，我们再次发现，位于北方的姓氏持有者是一个被负向选择的群体。他们在北方的房屋价值等于或低于那些被负向选择的英国土著居民。但在南方，他们的房屋价值超过了那些正向选择的当地居民。因此，外来移民进入英国的模式也导致了地区差异。

但是为什么技术人员长期有选择性地从北方移民出去？一个假设是，北方的主要工业——纺织、煤炭、钢铁和造船——对相对非技能型的劳动力的需求很高。因此，北方保留了非技能型人口，吸引了非技能型移民，导致北方人口的平均技能和教育水平下降。因此，北方较低的产出和成就水平可能主要反映出北方居民的经济和社会能力较低。我们确实看到，在1870—1914年，当北方的人均产出已经低于南方时，它仍然能够吸引大量来自南方、爱尔兰和苏格兰的移民。例如，图11显示，英格兰北部和威尔士的出生比例仅在1920年达到最高。因此，有可能出现罗伊式移民模式（a Roy type model of migration）。在这种模式下，在北方对非技术人员具有区位优势的时期，非技术人员将向北方迁移，而技术人员则向南方迁移。另一种可能性是，技术人员向南方的迁移是以便利设施为基础的。南方的天气比较好。伦敦地区有更多的文化设施供中上层家庭使用。

无论其来源是什么，南北差异主要是通过选择来解释的，这种选择没有实质性的外部效益。这一发现在政策上的意义是，目前英国北方人口的生活机会不会因更多人口向南迁移而得到显著改善。这也意味着英国北方没有面临地理上的劣势。因此，旨在进一步弥补英国北方明显劣势的区域政策是错误的。英国政府当前提供的所有补偿足以确保北方姓氏人口在教育和职业成就方面没有劣势，在财富方面也几乎没有劣势。

新经济地理学的一个核心观点是，将受教育程度和能力更高的人分类到某些城市或地区，会产生实质性的正外部性。上述结果令人对这一观点产生了怀疑。对此更一般的结论是，从17世纪开始，吸引技能型劳动力对经济的成功便很重要。某些类型的经济活动在吸引此类劳动力方面可能比其他类型更有效，而为非技能型劳动力提供高回报的活动对未来的增长可能产生长期的不利影响。

三、工业革命的讨论

Lucuas 说，人们一旦开始关注经济增长，就很难再去考虑别的问题了。增长理论一直是经济学家长期关注的基本问题，其中最重要的是解释经济体如何跨越了一千多年的马尔萨斯陷阱，通过工业革命进入现代索洛式经济增长。经济学家对工业革命时期的现象给出诸多版本的解释，Clark 抱着实证精神对其中一些假说做了验证。

（一）政治制度的影响

作为现代经济增长的起点，工业革命为什么发生于 1780 年左右？究竟是什么样的内在机制发生改变导致这个强力引擎诞生于欧洲大陆西北部一个曾经不起眼的岛国？Acemoglu 和 Robinson 在《国家为什么会失败》中有一章论述英国 1688 年的政治革命如何引发了工业革命。其核心观点是：光荣革命前的一系列事件造就了一个广泛而强大的联盟，足以对皇室和官员形成有力的束缚，从而奠定多元政治制度的基础，最终形成所谓的"包容性政治制度"。立足于此，英格兰政府推行保障投资、贸易和创新的包容性经济制度，动用军事保护商业利益，设置专利制度刺激创新，从而发动了工业革命的引擎。若事实如 Acemoglu 所言，包容性政治制度的改革会带来经济上的发展，然而 Clark 认为经验事实不足以支撑这个将政治制度置于工业革命核心的理论。

光荣革命后直到 1770 年，英格兰经济效率的提升微乎其微，其间跨度已经长达两到三代人。我们甚至可以把起点放到 1642—1649 年英格兰内战之前——这也是 Acemoglu 所强调的政治变化——经济效率依然局限在很窄的区间内波动（图 12）。此外，私人投资者的利益也并没有因为光荣革命的政治变化而得到更好的保护。政府债券的回报率从 1689 年开始下滑，18 世纪 50 年代降到现代的低水平，部分原因是改革极大增强了政府的税收能力。但是筹集的资金均用于海军建设，用于对法国的战争，一直持续到 1815 年击败拿破仑。政府负债筹资几乎没有投资于教育或者鼓励创新。

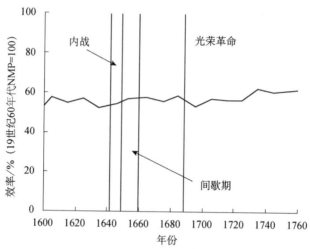

图 12　1600—1760 年英格兰的政治事件与经济效率

　　稳定的代议制政治模式既非英国首创，也非英国独有。1588—1795 年荷兰共和国确立了同样的政治体制，并迎来了它的黄金时期。尽管荷兰规模不大，国内缺少丰富的自然资源，它却发展出复杂的银行和金融系统，借助巨量负债完成现代化的交通体系建设，组建出强大的海军，控制了大片殖民地，并主宰了 17 世纪的世界贸易。然而荷兰的生产力在 1650—1795 陷入停滞，政治制度的辉煌成就并没有帮助它实现持续的经济增长，最终止步于前工业时代。

　　1223—1797 年的威尼斯也是共和国，政府在贵族和大众代表的制衡下运行，政策服务于贸易和商业帝国的需求。它在地中海东部建立了一个贸易帝国，拥有殖民地和附属国，如达尔马提亚、克里特岛和塞浦路斯。在威尼斯还发展出重要的制造工业，比如玻璃行业。可惜它同样没有实现像工业革命那样生产力的持续增长。

类似的还有中世纪的汉萨同盟。1226 年德国北部的海港吕贝克成为一个自由城邦后，它发展出一套被称为"吕贝克法律"的规则和政府机构，传播于汉萨同盟波罗的海沿岸的城邦，诸如汉堡、基尔、但泽、罗斯托克和克莱佩达。在此体系下，城邦由商会和名人指派的 20 个代表组成的议会管理，议会代表了城市商业的利益 (Lindberg, 2009)。尽管不是民主制，管理者出于自身利益的需要仍然推动商业和制造业的发展。汉萨同盟得益于此，变得富有而强大，贸易繁盛，并出现造船业、丝织业等大批制造企业。然而再一次地，汉萨同盟没有出现长期的技术进步。

实行代议制的政治体制，有强大的制衡官僚，代表商业和制造业利益的统治者，都能促进商业经济的发展，实现一定时间内的繁荣，然而并不必然出现工业革命，发动现代经济增长的引擎。将政治制度置于解释工业革命发生的核心是不够恰当的，它或许是一个必要条件，但绝非出现工业革命的充分条件。

（二）专利制度与创新

接下来让我们考察关注知识财产权利的专利制度。最早的现代专利制度诞生于 13 世纪的威尼斯，到 15 世纪时，授予现代意义上的专利权已经并不鲜见。甚至于 1416 年，威尼斯议会授予一个外国人 50 年期的专利权，因为他发明了新式缩绒机。15 世纪的佛罗伦萨同样有授予专利的记录。威尼斯玻璃行业的发展中专利制度扮演了非常重要的角色，当意大利的玻璃工匠去到比利时、荷兰、英格兰、德国和奥地利时，也将专利制度带到了这些国家。到 16 世纪，欧洲大部分主要国家都会给发明者的知识授予财产权。由此可见，正式专利制度的出现比工业革命至少提早了 350 年。

North 对 18 世纪英国专利制度优越性的主张，源于光荣革命后确立了议会对国王至高无上的地位，从而保障专利制度不受干扰。伊丽莎白一世（1558—1603）引入专利制度并由政府部长监督，然而政治干预导致了对已有技术的虚假垄断或否认合法的专利诉求。在光荣革命之后，议会通过将专利监督权交给法院来避免这种情况。一般情况下，只要没有其他人提出异议，法院就会允许任何专利注册。1791 年之前欧洲其他主要国家都没拥有英格兰那样正式的专利制度。但是，如图 13 所示，虽然光荣革命使专利比率短暂上升，但直到 18 世纪 60 年代，即光荣革命后 75 年，专利都没有持续增加。

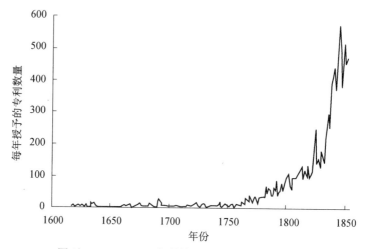

图 13　1660—1851 年英格兰每年授予的专利数量

资料来源：Mitchell B R. 1988. British Historical Statistics. CUP Archive, F. 438.

Clark 试图在经验上证明 18 世纪 60 年代以后英格兰的创新者回报有很大的好处，然而证据却令人难以置信的少。例如，纺织工业在工业革命期间处于技术变革的最前沿，从 1770 年到 1869 年，以棉花为投入的 TFP 上涨了约 22 倍。[①]到 19 世纪 60 年代，棉纺织品创新的价值每年约为 1.15 亿英镑，这种额外产出价值只有一小部分流向发明者。表 8 列示了棉纺织品的主要发明者通过专利制度或其他方式得到的收益。专利通常提供的保护不力，发明者需要通过议会以上诉方式从公共利益中获得其主要收益。此外，专利制度没有显示出所谓的与政治干预分离。议会可以基于公共利益，将专利延伸至法定的 17 年之后，

---

① 数据来源：棉布价格，Harley（1998）。

以奖励那些进行重大创新的人。改良蒸汽机的 James Watt 是这种补助金的受益者，但这些补助和过去的一样依赖于社会和政治保护。

表 8　工业革命纺织业发明者的收获

发明者	发明	结局
John Kay	飞梭（1733 年）	为强制执行专利提起诉讼而陷入困境。1753 年家被卢德主义者摧毁，贫困交加中死于法国
James Hargreaves	珍妮纺纱机（1769 年）	专利被否决。1768 年因为卢德主义者运动被迫逃离，1777 年死于济贫院
Richard Arkwright	水力纺纱机（1769 年）	到 1792 年死时专利价值 50 万镑。1781 年前工厂主拒绝承认专利，1781 年后才得到大部分专利收入
Samuel Crompton	走锭纺纱机（1779 年）	未申请专利。18 世纪 90 年代厂商付给 500 镑，1811 年议会奖励 5 000 镑
Edmund Cartwright	动力织布机（1785 年）	专利无效。工厂机器被砸毁。1809 年议会奖励 10 000 磅
Eli Whitney	轧棉机（1793 年）	专利无效。后来成为经营政府武器的承包商
Richard Roberts	走锭精纺机（1830 年）	专利收入仅能覆盖研究成本。1864 年于贫困中死去

注：卢德主义是 19 世纪英国民间对抗工业革命、反对纺织工业化的社会运动者，后泛指反对新技术的人。因为工业革命用机器替代人力导致大量手工业者失业，在运动中常常发生毁坏纺织机的事件。文中事件发生于卢德运动之前，作者原文称这一类人为 machine breakers，意思同"卢德主义者"

另一个角度观察创新的回报是创新所在厂商的利润率。Harley（2010）整理了工业革命早期成功棉纺织企业的利润率：1796—1815 年棉纺商 Samuel Greg 合伙人的平均年利润增速为 11.4%，是制造业等风险投资的正常商业回报。这期间棉花纺纱行业整体的生产率快速提高，表明无论采用何种创新技术，都很快就会从一个企业扩展到另一个企业，否则，像 Samuel Greg 这样采用新技术的企业将获得远超竞争对手的巨额利润。第二个案例是，1801—1810 年 William Grey 公司年利润率不到 2%。棉纺行业的创新似乎带来了产品价格下跌，为创新公司留下的利润微乎其微。相反，第三家公司 Richard Hornby 在 1777—1809 年采用手织机，未被任何技术进步所改变。但是，其平均利润率为 11.4%，与行业创新者厂商 Samuel Greg 一样。棉纺织品的创新似乎并没有给创新者带来特别的回报，只有少数人比如 Arkwright 和 Peels 才变得富有。英国1860—1869年379人的遗嘱中，留有50万英镑及以上的只有17人（约占4%）属于纺织工业。纺织部门在这近百年里拉动了经济生产力近一半的增长，创新的先驱者在其中只得到少量的好处。

类似的例子还有采煤、钢铁和铁路行业。蒸汽机让更深层的煤矿得以被开采出来，大幅增加了煤产量，而率先采用新技术的企业却没有得到更多回报。专利制度对这些部门的大部分创新提供的保护很少，创新很快从一个生产者泄露到另一个生产者。工业革命时期的创新通常以较低的价格形式使消费者受益。随着煤炭产量的激增，对消费者的实际价格稳步下降：17世纪的实际价格比18世纪60年代高出60%。

由此可见，英格兰工业革命时期创新的增加并非由创新的超额奖励激发的，事实上反而是更多的创新供给伴随着很低的创新回报率。制度主义者坚持认为，与所有的前工业经济相比，市场为创新提供的回报向上移动了，然而这种变化并没有证据证明。专利制度的最后一次重大改革是在1689年，而100多年后效率才得到广泛提高。专利制度本身对英国工业革命中的大多数创新起的作用微不足道。

相比其他经济体，在面对相同的挑战和激励措施下，英国生产商更有可能尝试新的生产方法。1770—1870年英国棉纺织行业生产力的增长远远高于其他任何行业。但是因为该行业的竞争性市场本质，以及专利制度无法保护大多数先进技术，利润始终保持在低水平。棉纺织业的竞争性市场本质体现在：棉制品是同质的；纱线和布料在批发市场销售，其中质量差异易于被买家察觉；棉纺厂和织布厂的有效规模相对于市场而言总是很小，导致新进入者很多。到1900年，英国棉纺织业大约有2000家公司。公司通过雇用技术工人从创新企业中学到了改进的技术，机器设计师在企业运营中改进技术。行业技术进步的主要受益者是全世界纺织品的消费者，以及纺织城镇集群中的土地所有者。

Clark认为制度主义者的解释从经验研究中得不到证实。除此之外，其理论本身也存在缺陷。最关键的一点是，没有任何议定的制度质量指标。而一个定义客观且普遍适用的测量系统是任何现象的科学分析中必须具备的基本要素。

Kremer（1993）认为，为个人提供激励的社会制度在所有社会中都是相同的，每个人都有产生新想法的概率。在这种情况下，知识的增长率将取决于社区的规模。你接触的人越多，你就越能从别人的想法中受益。在 1800 年之前的几年里，世界经济中的生产力增长显著但缓慢，通过公式（1）的作用，新增的生产力都被转化为世界人口的巨大扩张，更多的人口产生了更多的想法和更快的增长。因此，人口规模是产生现代经济增长最纯粹的原因。

$$g_A = c g_N \tag{1}$$

然而，Kremer 论证的意味着，在其他条件不变的情况下，工业革命应该发生在中国。前工业时代的中国人口相对于欧洲人口较大。即使在 1800 年末，据估计中国有 2.6 亿人口，而俄罗斯以外的欧洲只有 1.3 亿，是中国的一半。

尽管 Kremer 的想法很有意思，但无论人口能在多大程度上推动技术进步的速度，仅靠人口增长不能完全解释 1800 年以后技术进步速度暴涨的历史现象，如图 14 所示。

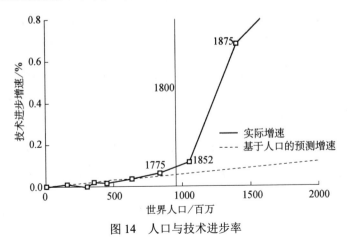

图 14　人口与技术进步率

在 Galor 和 Weil（2000）的内生增长模型中，将经济划分为马尔萨斯式、后马尔萨斯式以及现代增长方式三个阶段。在马尔萨斯式增长阶段，技术进步缓慢，人口持续增长抵消了技术进步带来的经济总量增长，阻碍人均收入水平提高；后马尔萨斯阶段，技术进步步伐加快，人口增长只够抵消部分增长；现代增长模式下，人口增速下降，从而获得持续的经济增长，如图 15 所示。

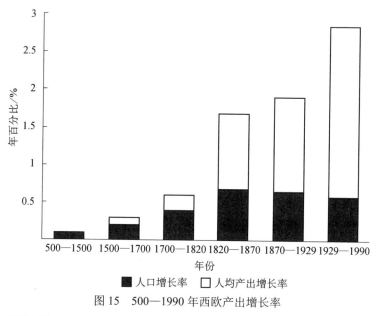

图 15　500—1990 年西欧产出增长率

资料来源：Data for 500-1820 are from Angus Maddison (1982) and apply to Europe as a whole. Data for 1820-1990 are from Maddison (1995), Table G, and apply to Western Europe

统一增长模型似乎面临着难以克服的困难，因为它们很难模拟工业革命所涉及的生产率增长率的一次性向上转变。但随着收集更多有关工业革命经验的信息，我们发现技术创新率的不连续性似乎比想象的要少，生产率零长率的旧世界与快速生产率增长的新世界之间的转变似乎更加具有渐进性。这对内生增长模型来说是个好兆头。

（三）生育决策的质量–数量取舍

在增长模式转变的经验事实里，人口增长率和人均产出的负相关关系是无法回避的基本特征。新古典增长模型将人口增长率理解为外生参数，无法解释转变过程中这一重要变化。为了理解生育行为与经济增长的关系，学者提出不同的机制。Becker 等（1990）强调发达经济体中后代质量的高回报，形成质量替代数量的机制；Kremer（1993）认为人口增长会内生地提高技术进步率，使其超过人口增长率，从而实现增长模式的跨越；Galor 和 Weil（1996）提出发达经济体给妇女支付的工资更高，从而提升了生育孩子的机会成本，增长模式转变的关键机制是父母的生育决策做了质量替代数量的取舍，这种取舍不是收入水平变化引致的，而是技术进步的反应；Lucas（2002）认为在马尔萨斯式模型里，家庭会在生育和消费间进行最优化。

为了验证质量-数量取舍的机制是否真的存在，Clark 和 Cumins（2014）整理了 1500—1950 年英国教会保存的 1029 份遗嘱，考察子女数量-质量的取舍弹性在工业革命前后是否发生变化。研究结果表明，1780—1880 年，贫富和生育率没有相关性，而工业革命前取舍弹性反而小于工业革命之后。这意味着家庭生育决策的变化是经济增长的结果，而不是推动增长模式转变的原因。

用以估计质量-数量取舍系数的回归方程如下：

$$q = \beta n + u \tag{2}$$

因为父母质量（收入、社会地位、受教育程度等）越高，抚养子女的机会成本越高，子女数量 q 受到父母质量 u 的影响，这一取舍系数的估计存在内生性问题。因此，Clark 又寻求另一个的角度来重新验证数量-质量机制。

Clark、Cummins 和 Curtis（2019）通过估计双胞胎出生对家庭规模的影响，研究工业革命前后家庭生育决策的变化。选取四个样本数据反映前工业时期：英国 1538—1826 年（CAMPOP[①]）、英国 1730—1879 年（FOE[②]）、法国 1670—1789 年（Henry[③]）以及魁北克 1621—1835 年（Quebec[④]），工业革命后选取英国 1900—1949 年（FOE）和法国 1800—1829 年（Henry）两个样本。据估计，双胞胎在工业化前欧洲人口中的出生率为 1.8%—2.7%（分娩率为 0.9%—1.9%）。虽然双胞胎的出生在老年妇女中会稍微常见一些，但这很大程度上仍然是一个随机事件，与经济和社会地位几乎没有关联，可以将其视为外生冲击。在已婚妇女平均生育 6 人的前工业时代，5%—11% 的已生育家庭将有一次双胞胎生育经历。

定义存活率为生存至 14 岁，单胎存活率为 θ_s，双胞胎存活率为 θ_t，家庭目标子女数为 N。为了实现目标子女数，在全部为单胎的情况下需要生育次数为 $\dfrac{N}{\theta_s}$，如果出现一次双胞胎，则需要生育次数为 $2 + \left(\dfrac{N - 2\theta_t}{\theta_s} \right) = \dfrac{N}{\theta_s} + 2\left(1 - \dfrac{\theta_t}{\theta_s} \right)$。如果 $\theta_t < \theta_s$，当生出双胞胎时，为了实现目标存活子女数，家庭需要增加平均生育次数。但是，如果双胞胎在计划的最后一次生育中出生，会导致生育次数比计划多出 1 次。设计划生育次数的倒数为 ϕ，若双胞胎出生，对家庭的子女规模影响如表 9 所示。

表 9　双胞胎出生对家庭规模的增量效应

项目	双胞胎出生的增量效应
全部子女规模，未进行生育控制	1
全部子女规模，进行生育控制	$2\left(1 - \dfrac{\theta_t}{\theta_s} \right)(1 - \phi) + \phi$
存活子女规模，未进行生育控制	$2\theta_t - \theta_s$

① CAMPOP：The Cambridge Group for the History of Population and Structure，剑桥人口与社会结构史研究小组数据。
② FOE：Families of England Database，英国家庭数据库。
③ Louis Henry 对法国 41 个村庄做的调查统计数据。
④ 来源于 IMPQ 数据库，收集了 1621—1849 年魁北克天主教徒受洗、葬礼、婚姻时的记录数据。

存活子女规模，进行生育控制	$\phi(2\theta_t - \theta_s)$

以英国 1730—1879 年的婚姻数据为例，$\phi=0.17$，$\theta_s=0.65$，$\theta_t=0.55$。对于未进行生育控制的家庭，双胞胎对家庭规模的增量效应为 1，净增量为 0.44；对于选择生育控制的家庭，双胞胎对家庭规模的增量效应为 0.43，净增量仅为 0.07。

为了检验双胞胎的出生对家庭生育总数 NB 的影响，我们估计以下方程：

$$NB_{pk} = \alpha_b \text{DTWIN} + \sum \gamma_j \text{DPARITY}_j + \sum \eta_i \text{DMAGE}_i + \varepsilon \qquad (3)$$

其中 NB_{pk} 表示母亲在 k 岁第 p 次分娩时家庭生育人数，DTWIN、DPARITY$_j$、DMAGE$_i$ 均为虚拟变量，DTWIN 反映这次分娩是否是双胞胎，DPARITY$_j$ 反映这次分娩是否为第 p 次，DMAGE$_i$ 反映母亲年龄是否为 k 岁。如果群体中没有家庭进行生育控制，α_b 的期望值为 1；如果群体进行了完全生育控制，则 α_b 取决于双胞和单胎的相对存活率，以及家庭的平均生育次数（表 10）。

表 10　双胞胎相关参数

样本	非双胞胎存活率/%	双胞胎存活率/%	婚姻平均生育数/个	双胞胎同性别比率/%	预期双胞胎同性别比率/%
法国，1789 年前	0.71	0.47	5.31	0.64	0.62
法国，1789 年后	0.7	0.41	4.66	0.68	0.61
英国，CAMPOP	0.7	0.46	4.66	0.59	0.7
英国，1780—1879 年	0.65	0.55	5.96	0.64	0.72
英国，1900—1949 年	0.91	0.71	3.37	0.55	0.63
魁北克	0.7	0.49	5.36	0.68	0.81

注：英国 CAMPOP 数据年份为 1538—1826 年

表 11 总结了六个样本按照表 9 公式和表 10 参数推导得出的预期 α，以及按方程（3）估计的 α 值。在已经控制了母亲年龄、分娩次数后，前工业时代的四个人口样本中，α 估计值均接近 1，且有三个样

本显著拒绝了有生育控制的原假设，这意味着双胞胎的出生并不影响家庭后续的生育决策。从表 10 可知 CAMPOP 数据中双胞胎的同性别比率与预期的差值大于除了魁北克以外的其他样本，表明单胎更多地被误分类为双胞胎，导致 α 估计值更接近 0。工业革命以后，法国 1800—1829 年和英国 1900—1949 年的 α 估计值明显低于 1，英国的估计值甚至在 1%的水平上显著，证明人们在这一时期确实有意识地控制生育子女的数量。法国的 α 估计值由于双胞胎的高死亡率而更接近 1，不过它的标准误足够大，说明这一时期控制生育和不控制生育的行为都存在。

表 11　双胞胎对生育规模的效应

样本	期望 α 无控制	期望 α 有控制	α	标准误	样本量
生育率下降前					
法国，1789 年前	1	0.73*	1.02	0.07	65 722
英国，CAMPOP	1	0.75	0.83	0.09	76 885
英国，1880 年前	1	0.43*	1.00	0.12	55 533
魁北克	1	0.65*	1.07	0.05	357 034
生育率下降后					
法国，1800 年后	1	0.87	0.89	0.12	18 454
英国，1900—1949 年	1*	0.60	0.73	0.10	27 339

*p 在 0.05 水平上拒绝原假设

注：英国 CAMPOP 数据年份为 1538—1826 年

　　Clark 的经验研究表明，前工业革命时期人们在婚姻期间不会有意识地控制怀孕和生育。不考虑存活率的情况下，双生子的家庭相比同类家庭会多一个孩子；考虑了存活率，最终家庭规模也会部分增加。即使在英国，直到 1780—1879 年的工业革命时期，家庭都没有试图控制婚姻中的生育数量。FOE 数据库中 1840—1860 年出生的儿童，在 14—16 岁时有 31%在学校或者训练中，只有 54%在工作。在这个教育和培训方面已经需要大量投资的时代，没有迹象表明贫困家庭的父母限制生育以控制这些费用。这进一步印证了 Clark 对生育质量-数量取舍理论的质疑，同时 Clark 也因此质疑 Mokyr 的工业革命理论。

从 1780 年起，英格兰技术进步的速度明显高于前六个世纪。根据 Mokyr 的工业革命理论，技术进步归功于英格兰民主化的启蒙思想，这是一种强调科学和社会都需要理性、实验、新理论的理性运动，发起者是哲学家和科学家组成的精英群体。这些思想通过讲座、示范和流行的著作影响到机械师和工人，他们的许多小规模创新都支撑着工业革命。工业革命主要是一种新思维方式的产物，"这将超出大多数经济学家的想象，所有时期的经济变化取决于人们的信仰"[①]。如果工业革命的基础确实是新的、更有效的思考世界的方式，那它并没有引发 1880 年之前婚姻的生育控制行为。

前工业革命时期，家庭对双胞胎偶发事件没有反应，意味着双胞胎是家庭规模的外生变异来源，可以用作家庭规模的工具变量。同时，人们对双胞胎毫无反应传递出一个更关键的信息，即家庭规模的全部变异都是外生的。英格兰尤为典型，1770—1879 年的婚姻生育数量与家庭社会地位无关，社会最终平均家庭人数与最贫困家庭的平均水平相同。因此，在英格兰的这个时期内，我们可以非常简单地估计出家庭规模对子女成就的影响，因为家庭规模的变化对于家庭的社会地位而言是外生的，而不是父母做出的选择。这就解决了前文指出的取舍系数内生性问题。基于以上结论，Clark 和 Cummins（2016）重新估计了子女数量对儿童质量的影响：

$$E(\hat{\beta}) = \beta + \frac{\text{cov}(N,u)}{\text{var}(N)} \tag{4}$$

英格兰 1770—1879 的生育模式下子女数量与父母质量的协方差 cov(N,u) 接近于 0，子女数量方差 var(N) 极大，从而可以将 β 估计值视为无偏的。由于质量是一个相对综合指标，Clark 和 Cummins 用子女的受教育程度、提前工作概率、职业地位、财富、寿命以及孙辈的财富、寿命等多个指标来度量，测得子女数量通常会对子女质量产生统

---

① Mokyr. "Economic Change in All Periods, More than Most Economic Think, on What People Believe." 2010, p.1.

计上显著的负面影响，但其影响在数值上非常小（图16）。

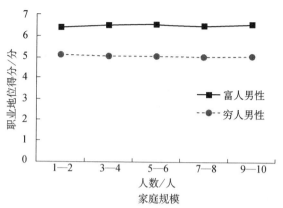

图 16　1780—1879 年儿子职业地位与家庭规模的关系

注：用职业人员死亡时的平均财富取对数，作为度量该职业社会地位的指标

　　数量-质量取舍机制在净效应上的微弱，说明有意识的生育选择行为并非推动工业革命发生的机制，更可能是生产力增长经济结构转变的结果。建立在数量-质量取舍假说上说明增长模式转换的理论，需要重新寻求新的机制以支撑原本的理论架构。

四、结　语

　　伴随着国内经济增速放缓，上升通道越来越窄，社会弥漫着阶层跨越的焦虑。然而在历史的长河中，大量寒门成功晋升只是暂时性的现象，固化的阶层壁垒、缓慢的社会流动才是历史的常态。Clark 的经验研究将冲击信奉公平、机会平等的主流价值观，相较中世纪，自诩文明的现代社会中有技术进步、有经济发展、有民主政治，却并没有给社会底层带来更多晋升的空间。Piketty 在其《21 世纪资本论》中用翔实的数据论证了 18 世纪以来世界各国财富分配的不平等一直在加剧，认为存量财富的收益率大于经济增速是造成这种不平等的原因。虽然 Piketty 书中提出在全球范围内征收高额资本税的解决方案并不具备可行性，但他指出的存量财富的传承性与高收益特征，无疑能很好地解释精英阶层牢牢占据社会顶端的历史事实。

新剑桥学派的标志性人物 Joan Robinson 在她的小册子《经济哲学》中提出，"任何一种经济体系都需要有一套准则和意识形态以便证明经济体系的正确性"①。经济学解释社会现象必须依托经济学概念，而概念本身就包含了价值判断。但是要科学地认识社会现实，就必须尽量剥离理论中意识形态的干扰，力求从事实、数据、逻辑去评价理论给出的解释。而这也正是量化历史方法优势之所在，能够尽量减少理论意识形态的干扰，尽力从资料数据中还原历史真相。Clark 开创的姓氏方法为历史研究增添了又一有力工具，郝煜在其基础上针对中国的具体实际，提出姓氏-籍贯相结合方法，取得大量优秀的成果。有赖于日益丰富的研究手段和量化工具，经济、政治、社会各个领域的历史研究才得以大范围推进，更新完善我们旧有的认知。

整理人：陈中南，中国人民大学经济学院

授课老师简介：

Gregory Clark 教授 1979 年本科毕业于剑桥大学，1985 年在哈佛大学获得经济学博士学位，目前是美国加州大学戴维斯分校经济学系教授，在加入 UC-Davis 之前，Clark 教授曾在斯坦福大学、密歇根大学任教。他同时还担任了加州大学经济史联合研究组（All-University of

---

① ［英］琼·罗宾逊：《经济哲学》，安佳译，北京：商务印书馆，2019 年，第 15 页。

California Group in Economic History）的主任以及 UC-Davis 贫穷研究
中心（the Center for Poverty Research）的研究员。Clark 教授目前的研
究领域是用姓氏方法研究社会流动的历史和本质。他的研究领域还包
括长期经济增长、工业革命、人力资本、人口转型机制等话题，尤其
关注英国和印度的经济史。

参考文献

Abramitzky R , Boustan L P, Eriksson K. 2010. "Europe's Tired, Poor, Huddled Masses:
   Self-Selection and Economic Outcomes in the Age of Mass Migration." *American
   Economic Review* 102 (5).

Acemoglu D, Johnson S, Robinson J A. 2001. "The Colonial Origins of Comparative
   Development: An Empirical Investigation." *American Economic Review* 91 (5): 1369-
   1401.

Acemoglu D, Johnson S, Robinson J A. 2013. *Why Nations Fail: The Origins of Power,
   Prosperity, and Poverty.* Broadway Business.

Becker G S, Tamura R. 1990. Human Capital, Fertility and Economic Growth [J].
   Journal of Political Economy 98 (S5): 323-350.

Clark G. 2008. *A Farewell to Alms: A Brief Economic History of the World.* Vol. 25.
   Princeton University Press, Douglass C N, Barry R W. 1989. "Constitutions and
   Commitment: The Evolution of Institutions Governing Public Choice in Seventeenth-
   Century England." *Journal of Economic History* 49 (4):803-832.

Clark G. 2013. "1381 and the Malthus Delusion." *Explorations in Economic History* 50
   (1): 4-15.

Clark G. 2014. "The Son Also Rises: Surnames and the History of Social Mobility."
   Mankind Quarterly 1 (4):399-402.

Clark G, Cummins N. 2014. "Surnames and social mobility in England, 1170–2012."
   Human Nature 254 (4): 517-537.

Clark G, Cummins N. 2015. "Intergenerational Wealth Mobility in England, 1858–2012:

Surnames and Social Mobility." *Economic Journal* 125 (582): 61-85.

Clark G, Cummins N. 2016. "The Child Quality-Quantity Tradeoff, England, 1780–1880: A Fundamental Component of The Economic Theory of Growth Is Missing." (No. 11232). *CEPR Discussion Papers*.

Clark G, Cummins N. 2018 "The Big Sort: Selective Migration and the Decline of Northern England, 1780-2018." *CEPR Discussion Paper*.

Clark G, Cummins N, Curtis M. 2019. "Twins Reveal Absence of Fertility Control in Pre-Industrial Western European Populations." *Demography (Forthcoming)*.

Clark G, Jacks D. 2007. "Coal and The Industrial Revolution, 1700-1869." European Review of Economic History 11 (1): 39-72.

Galor O, Moav O. 2002. "Natural Selection and The Origin of Economic Growth." *Quarterly Journal of Economics* 117 (4):1133-1191.

Galor O, Weil D N. 1996. "The Gender Gap, Fertility and Growth." *American Economic Review,* 86:374-387.

Galor O, Weil D N. 2000. "Population, Technology, and Growth: From The Malthusian Regime to The Demographic Transition." *The American Economic Review* 90 (4): 806-828.

Hao Y, Clark G. 2012. "Social Mobility in China, 1645-2012: A Surname Study." *Working Paper, UC Davis.*

Harbury C D, Hitchens D M W N. 1979. *Inheritance and Wealth Inequality in Britain.* London: Allen and Unwin.

Harbury C D, Hitchins D M W N. 2012. *Inheritance and Wealth Inequality in Britain.* New York: Routledge.

Harley C K. 1998. "Cotton Textile Prices and The Industrial Revolution." *Economic History Review* 51 (1): 49-83.

Harley C K. 2010. "Prices and Profits in Cotton Textiles During The Industrial Revolution." Working Paper, University of Oxford, Department of Economics.

Leunig T, Swaffield J. 2008. *Cities Unlimited: Making Urban Regeneration Work.* London: Policy Exchange.

Lindberg E. 2009. "Club Goods and Inefficient Institutions: Why Danzig and Lübeck Failed in the Early Modern Period." *The Economic History Review* 62 (3):604-628.

Louis H. 1961 "Some Data on Natural Fertility." *Eugenics quarterly* 8 (2): 81-91.

Lucas R E. 2002. "The Industrial Revolution: Past and Future." *Lectures on Economic Growth*. Cambridge: Harvard University Press.

Michael K. 1993. "Population Growth and Technological Change: One Million BC to 1990." The Quarterly Journal of Economics 108 (3): 681-716.

Michael K. 1993. "The O-Ring Theory of Economic Development." Quarterly Journal of Economics 108 (3):551-575.

Mitchell B R, et al. *British historical statistics*. CUP Archive, 1988.

Mokyr J. 2010. *The Enlightened Economy: An Economic History of Britain 1700-1850*, London: Yale University Press.

Piketty T. 2015. "About capital in the twenty-first century." *American Economic Review* 105(5): 48-53.

Robinson J. 2017. *Economic Philosophy*. New York: Routledge.

Empirical Studies of Class Mobilty，Selective Migration, and the Industrial Revolution

Gregory Clark

Abstract: This paper focuses on Clark's three empirical studies: The first one uses rare surnames to analyze social class mobility over generations. Although the economic structure,social ideas, and political systems in England have undergone tremendous changes since the 13th century, social class mobility has not improved, and intergenerational resilience has remained at a high level. This conclusion also applies to the United States, Sweden, Japan, China, and other countries. The second of Clark's studies is about the decline of northern England. The decline of the industrial zone is because educated and skilled people selectively migrate from the North to the South, rather than there being any locational disadvantage associated with having been born in the North. The third study indicates that empirical facts do not support theories that use political systems, patent systems, or population quality—quantity trade-off mechanisms to explain the occurrence of the Industrial Revolution.

Keywords: class mobility, surname method, selective migration, Industrial Revolution, literature review

文化与经济发展

Sascha O. Becker

摘要：文化不仅在人类社会中无处不在、影响广泛，而且又与人类社会经济、政治等条件同步演化，影响常可能达数十年甚至数百年，故此经济学家希望通过历史上的半自然实验制造外生冲击，研究文化对国家经济发展的影响，以及文化是如何受其他因素影响的。Becker 教授首先介绍了文化作为一种非正式制度对于人力资本及国家长期经济增长的影响，以及文化是怎样受到印刷术等科技进步影响的，随后则介绍了国家官僚体制作为一种正式制度对人力资本的长期影响，以及如何通过非正式制度这一渠道对人力资本产生长期影响。最后，Becker 教授介绍了利用强制迁移作为对于特定社群的一种外生冲击，研究强制迁移如何改变受影响群体的文化，为有兴趣研究文化与经济发展相互影响的学者提供了启示。

关键词：文化；人力资本；正式制度；强制迁移

一、引　言

制度经济学家认为正式制度与非正式制度文化能从多个方面对经济发展产生影响。在文献中，对以文化为代表的非正式制度和正式制度的定义往往是多角度的，也因此显得模糊。学者很难对其下一个具体的定义，而在解释很多现象时，则似乎避免不了最终着眼于以文化解释经济现象。文化本身是一个多面的综合体，故此从文化中的某个特征出发，往往都能观察到文化特征与经济发展的关系，如马克斯·韦伯以"新教伦理"中的勤劳肯干、节俭储蓄等特征解释以普鲁士为代表的西欧资本主义社会的发展，论者也大多以文化为解释的终点。由于文化是由每个民族、每个社会在历史长期活动中与地理、科技、疾病、战争等因素相互作用，与经济、社会、政治等共同发展演进的，后发的国家想要发展，就需要具备发达国家的特定精神，如此看来似乎带有地理决定论和宿命论的色彩。

因此，在对文化的研究中，研究者需要剥离与文化共生共存的诸多因素，通过历史提供的半自然实验，考察隐藏在"文化""文明遗产"之类词汇背后的真实机制。文化与制度会对经济发展造成影响，经济发展本身也会改变一个群体的文化与制度，在考察某一方向的因果关系时，研究者需要借助半自然实验与工具变量等应对内生性的工具，避免就文化谈论文化。如韦伯所称赞的"新教伦理"背后实质是对教育的重视，哈布斯堡帝国文明遗产的背后是高效的官僚制度改变了市民与公共部门的交往方式，强制移民则因为漂泊的经历而更重视可随身携带的动产与知识技能，这些需要研究者跳出文化这个话题，从文化形成的底层因素如科技、政治事件着手，考察文化对经济发展的促进关系，以及文化是如何随着经济要素的变化而发生改变的。

二、宗教、创新、教育与经济发展

（一）韦伯错了吗？新教伦理与大众教育的对比

马克斯·韦伯的《新教伦理与资本主义精神》是现代社会学的奠基之作之一，他在该书中提出："新教伦理"改变了新教徒观念，相比于天主教徒，新教徒更为努力地工作，也更为节俭，从而导致了欧洲经济的发展，并促进了工业资本主义的崛起。此后，他再接再厉，写作了《中国的宗教：儒教与道教》等针对中国、印度以及犹太人等东方文明的宗教社会学书籍。然而，新教伦理究竟包含了哪些内容，究竟什么特质是新教伦理中独有的，又是什么样的特质促进了资本主义的兴起，其他文明中是否存在促进现代资本主义诞生与经济增长的特质，韦伯对这些问题的回答仍旧是不清晰的。韦伯本人对此进行了描述性的讨论，后来者也大多泛泛而谈。

在 20 世纪末 21 世纪初，跨国比较研究大行其道，当时的研究者通过跨国比较，发现实证证据不足以支持经济发展与宗教相关的假说（Iannaccone, 1998; Acemoglu et al., 2001; Barro and McCleary, 2005）。从现在的视角看，跨国比较的文献本身存在不可克服的问题，不同国家间存在巨大的差距，即使研究者收集了大量数据并从各个方面进行控制，也仍然难以避免一些因素被忽略。此外，经济发展本身与制度、地理、气候、资源等因素都相关，存在内生性问题。

Sascha Becker 教授发现此前所有试图对韦伯理论进行反驳的论文，都不能就韦伯的理论与证据进行反驳，而是借助于其他国家样本进行研究，多少显得证据不足。本着以韦伯的证据反驳韦伯的理论的思路，Becker 与 Woessmann 教授合写了《韦伯错了吗？一个关于新教经济史的人力资本理论》（Becker and Woessmann, 2009）。在阅读马丁·路德的文书集时，他发现路德主张在所有学校中广泛教授《圣经》，甚至希望在每一个城镇建立一所女子学校对女性进行每天一小时的基督教教育，从而使每个人都能阅读《圣经》，将福音广泛地传播到每一个家庭里。基于现代的人力资本理论（Card, 1999; Becker, 1967），Becker 教授提出一个备择假说：新教徒相比于天主教徒对诵读《圣经》有更高的需求，这一需求提高了新教徒接受学校教育的边际收益，从而提高了其均衡的受教育程度，这一增加的人力资本最终促进了新教地区的经济繁荣。路德这一完全出于宗教原因的计划最终产生了意想不到的人力资本累积效应。

本着以韦伯反驳韦伯的思路，Becker 教授选择 19 世纪的普鲁士作为研究样本，原因一是韦伯写作《新教伦理与资本主义精神》时研究的对象是普鲁士。二是因为普鲁士是新教与宗教改革的策源地，路德在提出《九十五条论纲》后长期停留在普鲁士境内的维滕堡，故此普鲁士的新教形态最为接近纯粹的路德宗，此外韦伯也出生于普鲁士。三是普鲁士作为一个统一国家，内部各县法律与制度较为同质。此外，在普鲁士不同地区存在天主教主导、新教主导以及两者混合的地区，地区间有足够的异质性，这些特征都保障了研究结论比较纯粹的因果推断的合理性。

将地图与 19 世纪普鲁士第二产业比例以及人均收入分布进行套叠（图 1），作者发现高新教比例地区主要集中于德国中部，围绕维滕堡附近的地区。这些地区均为新教教区，而更远的普鲁士东部和西部则仍有较多地区为天主教地区。两者之间是天主教和新教胶着地区，直观地由地图进行观察，新教地区与较高的制造业与服务业就业比例地区相重叠。此外，新教地区与人均收入较高的地区也有较多重叠。

为了验证改宗新教与经济发展之间的关系，作者进行了线性回归。研究发现基于相同的正式税收制度下，225 个新教主导的县人均收入税比 102 个天主教主导的县高 9.1%，这也意味着新教为主导的地区人均收入确实比天主教地区人均收入更高。在新教教区，劳动力在制造业和服

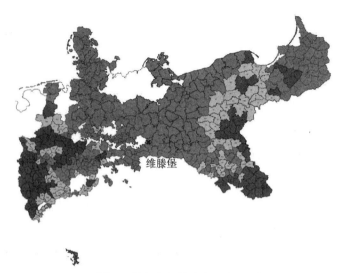

图 1　普鲁士宗教分布示意图

注：灰色区域内 75% 以上人口为新教徒，深灰色区域内 25% 以下人口为新教徒，浅灰色为双方胶着地区，十字处为庇护路德的维滕堡

资料来源：Becker & Woessmann（2009）文中图 3

务业中就业的比重也更高。这说明在 19 世纪的普鲁士，新教教区经济比天主教教区更为繁荣，产业结构更为先进。此外，作者采用了今天的德国社会经济面板数据进行研究，这一效应在义务教育普及的今天仍然继续存在，即使现在所有的德国人都接受义务教育，足以独立阅读《圣经》，新教徒的平均收入仍然比天主教徒的高 6.9%。

单纯控制相关变量后发现的正相关关系并不足以证明新教与受教育程度的因果关系，考虑到存在地区经济情况与接受新教的可能性之间可能存在相关性。如果较富有的地区为某些原因更倾向于选择改宗新教，就可能在这一回归中形成逆向因果的情况，形成新教与经济繁荣之间的伪相关关系。故此，作者使用各县到维滕堡的距离作为接受新教程度的工具变量。

为了论证使用各县到维滕堡距离作为工具变量的合理性，首先，作者采用其他历史学家的研究证明路德宗的传播与各地文化程度或者经济发展程度是不相关的。其次，作者证明了维滕堡在当时并不是重要的城市，宗教改革前其周边的帝国自由市、汉萨同盟城市以及城市化率与各城市到维滕堡的距离都不相关。故此，作者认为宗教改革从维滕堡发源，以其为中心向四周扩散，因此，以各县到维滕堡的距离作为工具变量的外生性与正当性得到了保证。

随后，作者通过三阶段回归验证了新教通过增加教徒受教育程度增加其收入和经济繁荣的假说。然而，作者通过对现代调查样本的研究发现，控制完受教育程度后，受访者信仰的宗教对于其收入没有明显的影响，说明"新教伦理"是通过且仅通过增进教徒受教育程度的渠道促进经济发展的，研究并未发现证据证明节俭储蓄、努力工作等精神对于新教徒的成功有促进作用。

总之，该文成功地利用韦伯研究的样本反韦伯，使用韦伯研究的19世纪的普鲁士证明韦伯理论中难以具体言明的"宗教精神"对于教徒的收入可能并没有影响，真正起作用的途径是新教徒更高的受教育程度和人力资本累积。

在写作这篇发于 *Quarterly Journal of Economics* 的论文同时，作者基于同一研究项目发表了另外两篇论文。一篇是《工业化前新教对于教育的影响：来自1816年普鲁士的证据》（Becker and Woessmann, 2010）。这篇文章试图从另一个角度反驳韦伯提出的"新教促进工业化，工业化对人才的需求促进当地教育水平提高"的逻辑。作者使用1816年普鲁士实施的第一次人口普查数据，发现在德国工业化开始前，新教地区居民已经比天主教区居民更倾向于接受教育。在受调查的293个县中，全为新教教徒的地区儿童进入学校的概率已经比全是天主教徒的地区高25%。这一结论再次证实了作者的人力资本理论，而韦伯的逻辑链条顺序可能是错的，早在工业化开始前，新教就已经促进了当地居民教育水平的提高。这一较高的教育水平促进了19世纪中后期当地的工业化，而非当地接受新教后经济繁荣，工业化导致企业增加对人才的需求进而导致新教地区平均受教育程度提高。

另一篇文章是《路德与女性：教派和19世纪普鲁士女性教育差别》

（Becker and Woessmann, 2008）。该文写作在发表于 *Quarterly Journal of Economics* 的论文之后，但由于发表程序，其发表时间反而在 2008 年，先于《韦伯错了吗？》一文。在路德的文集里，他除了希望要求男孩上学学习《圣经》，还希望每个城镇建立女性学校并提供每天一小时《圣经》教育，这也许是性别平等的先导思想之一。作者利用 1816 年普鲁士的人口普查数据与 1871 年的成人识字率数据，研究新教教派在推行教育性别平等中的作用。作者发现，1816 年，本地新教人口每增加 1%，男童的入学率增加 0.236%，女童的入学率增加 0.259%，而录取的小学生中女性比例会增加 0.035%。1871 年，当地新教徒比例每增加 1%，女性识字率会增加约 0.7%。而在 20 世纪，女性可以上大学后，这一效应在大学生群体中也显现出来，不考虑 20 世纪初女性进入高等教育仍然受到严格限制的时代。第二次世界大战后，大学生中新教徒比例高于其在人口中所占比例，而天主教徒则相反，与男性群体相比，这一比例在女性群体中的差别更为巨大。因此，从教育角度来看，新教确实促进了性别平等。新教不只在精神上改变了基督徒对于上帝的观念，还从社会规范和文化的角度改变了新教徒对于女性教育的观念，甚至有可能改变了不同地区对于女性工作的概念。如在斯堪的纳维亚半岛的新教地区，女性可能因受教育而更倾向于工作，而相比之下，意大利的天主教女性则可能更不倾向于工作。总而言之，宗教对于社会的影响不只局限于精神的范畴，在宗教改革发生 500 年之后，在世俗生活中新教对教育投入的影响仍在继续。目前，从文化角度探讨经济学仍然是一个研究的富矿。

（二）信息技术如何影响经济发展

在路德的时代，印刷术已经发明，他所撰写的文章如《九十五条论纲》等均依赖于当时最先进的印刷术被大量复制出来，并由信徒携带至德国各地分发、张贴。印刷术作为 15 世纪信息技术的一次突破对经济发展产生了巨大的影响。《信息技术与经济变迁：印刷术的影响》在 2011 年发表于 *Quarterly Journal of Economics*。直到 20 世纪 90 年代中期，经济学家从宏观角度尚未发现电脑信息技术对生产力或人均收入有显著影响的证据，而该文第一次尝试从城市层面的微观数据分析印刷术这一信息技术革命对欧洲经济发展的影响。作者发现在 15 世纪采用印刷术的城市在 16 世纪期间比其他同等条件的城市增长速度高 60%，而采用印刷术的城市相比于其他城市在 15 世纪并没有先验的优势。为了解决内生性的问题，作者使用各城市到印刷术的发明地——美因茨的距离作为工具变量。

在数据方面，该文通过《欧洲印刷史》（Clair, 1976）等多个来源确定了 205 个在 1450—1500 年期间采用印刷术的城市，并使用《800—1850 年的欧洲人口史》（Bairoch et al., 1988）的数据构建了 1300—1800 年 202 个城市的平衡面板人口数据。作者还使用其他史料构建了包括城市是否靠近通航河流、是否是海港、历史上是否是古罗马定居点以及经济制度等在内的控制变量。

在实证中，常用的衡量经济繁荣程度的指标是人均收入，由于历史上城市人均收入数据并不可得，作者遵循其他文献的做法，使用城市人口数量作为城市经济活力的代理变量（Acemoglu et al. 2005; Bairoch, 1988; De Vries, 2013），而城市的增长则反映了技术的进步（Glaeser et al., 1995）。此外，由于只有部分城市的印刷所数量可得，作者并未使用各城市印刷所数量衡量该城市受这印刷术的影响，而选择使用各城市首次建立印刷所的时间作为主要的解释变量。由于当时运输成本相当高，运输路程每增加 360 千米将会使书籍的销售价格增加约 20%，故此城市之间印刷术外溢的效果较弱，印刷所主要对于其所在城市发生影响，而不必担心各城市的技术进步存在网络效应。如图 2 所示，作者整理了藏于慕尼黑的巴伐利亚州立图书馆的印刷于 1450—1500 年的藏书数量，发现整体上图书馆内保存各城市生产古书数量与各城市到慕尼黑距离成负相关关系。一般而言，在当地建立印刷所后，书籍商人、大学以及学生都会被当地的印刷所吸引而来。往产业链上游追溯，造纸厂、翻译等行业也会随之而来，在当地形成规模经济。

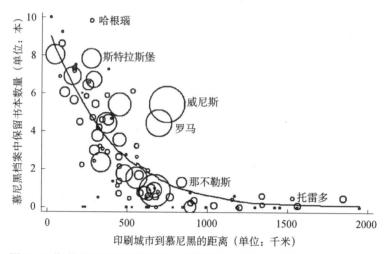

图 2　巴伐利亚州立图书馆保存古书数量与印刷城市到慕尼黑距离的关系

注：笔者根据 Dittmar（2011）文中图 2 重新制作

　　作者进行初步回归后发现，整体而言，在 15 世纪晚期采用印刷术的城市在 16 世纪的增长速度比没有印刷所的城市平均高 20%，然而这一模式在不同国家间并不稳健。在荷兰，在 15 世纪采用印刷术的城市增长速度甚至比没有印刷术的城市低 20%。作者拉长考察时间段，放大至 1500—1800 年，作者发现在 15 世纪即拥有印刷所的城市发展速度平均只比 15 世纪没有印刷所的城市高 7%，模式也不稳定，难以解释，德国的缓慢发展或者尚可以用三十年战争解释，荷兰的模式则令人迷惑不解。

　　作者首先使用差分回归的方法，发现 1500—1800 年期间，在 15 世纪末拥有了印刷所的城市的增长率比没有印刷所的城市的增长率高了 30%。但是在进行分样本回归后，作者发现，这一增长效应只集中于港口城市，而且增长效果主要集中于 16 世纪，15 世纪是否采用印刷术与该城市在 16 世纪以后其他时代的增长基本没有相关性。至于非港口城市，并无证据证明它们在 15 世纪引入印刷术与其自身经济发展存在相关性。为了排除经济增长和采用印刷术之间的逆向因果关系，作者仿效各地区是否采用新教与到维滕堡的距离（Becker and Woessmann, 2009），采用各城市到印刷术发明地点美因茨的距离作为工具变量，证明了印刷术对于经济增长的促进作用。此外，作者选择一些其他的城市作为虚拟的印刷术发明地点进行证伪检验，发现除了美因茨之外，选择其他城市如阿姆斯特丹、伦敦乃至新教策源地维滕堡作为虚拟的印刷术发明点时，都不能发现印刷术对于经济发展的促进作用，这证明了采用到美因茨的距离作为采用印刷术的工具变量是合理的。

（三）印刷术旺了宗教改革的星星之火吗

在讨论了宗教改革和印刷术对经济的作用后，Becker 教授讨论了印刷术对于宗教改革的作用，考察印刷术通过推动宗教改革对经济发展的影响，《印刷术与新教：对印刷在宗教改革中作用的实证检验》于 2014 年发表于 *The Review of Economics and Statistics*（Rubin, 2014）。在此之前，历史学家对于印刷术的发展与宗教改革之间的关系已经争论了几个世纪，此前的研究倾向于认为印刷术在此过程中作用很有限，但是在该文之前，尚未有系统性的以数据为基础进行的研究。

历史学家关于宗教改革的发生原因有许多假说，一种是"城市效应"，认为宗教改革就是在拥有财富的城市中发生的；另一种是政治原因，宗教改革在英格兰和斯堪的纳维亚半岛广泛地发生并顺利传播，而在神圣罗马帝国内部，宗教改革的进展在各地参差不齐，政治因素确实对新教的传播产生了一定的影响，但是单纯的政治因素在其中是否起了决定性的影响还有待商榷；还有的假说认为是精神与心理层面的原因，经过漫长的复苏，欧洲民众在此时已经在精神上做好了宗教变革的准备，只等待某位改革者提出倡导，历史上则是路德这个具体的人物完成了这一过程。

那么经济学家为什么要关注印刷术和宗教改革呢？因为如本文前述第二部分所介绍，经济学家最近的研究发现宗教改革和印刷术都能对经济发展产生促进作用，宗教上新教能够通过促进资本积累，产生经济增长（Becker and Woessmann, 2008, 2009; Blum and Dudley, 2001; Cantoni, 2015; Arruñada, 2010）；而更早采用印刷术的城市此后增长得更快（Dittmar, 2011; Eisenstein, 1979）。那么自然而然的，研究者会提出问题：这两者之间有什么关系？印刷术是否促进了宗教改革的产生？

古登堡于1450年在美因茨发明了活字印刷术，这一发明迅速传遍了欧洲。在16世纪开始的时候，许多大城市都拥有至少一个印刷所，一些新兴的小城市也采纳了印刷术。在印刷术蓬勃发展传播的时期，路德于1517年提出了《九十五条论纲》，在1530年时，路德宗已经传播到萨克森，以及德国中部及北部和斯堪的纳维亚半岛。最早接受路德宗的地区主要是神圣罗马帝国的自由市和帝国市，故此有许多研究认为宗教改革是一个"城市现象"（Ozment, 1975）。在17世纪开始的时候，新教已经传播到了荷兰、英格兰、苏格兰与法国部分地区。

历史学家的研究表明宗教改革家在宣传中大量利用印刷术制作宣传材料，尤其是印制宣传册与传单。故此，宗教改革是由携带印刷宣传材料的布道者在酒馆、工场、市场等地方推广的。布道者往往在公共场合朗读路德宗的宣传材料，有的时候，布道者也会选择在公共场合张贴宣传单（Cameron, 1991）。据此，作者认为印刷术可能对宗教改革的发生起了推波助澜的作用。

宗教改革的地区集中在中欧与西欧，然而，这一区域大部分地区如西班牙、意大利，以及斯堪的纳维亚半岛等内部的同质性较高，在控制固定效应后国家内部差异基本被消除，无法作为研究对象。相比之下，神圣罗马帝国是个例外，帝国内天主教与新教长期处于胶着状态，部分地区新教主导，部分地区天主教占优势；此外当时的帝国包括今天的德国、奥地利、捷克、比利时等多个国家与地区，且拥有美因茨和维滕堡这两个印刷术与宗教改革的发源地，内部各地除宗教外的区别不大，因此是一个理想的研究对象。作者通过回归发现，在 1500 年之前拥有印刷所的城市在 1600 年变成新教城市的概率平均比 1500 年前没有印刷所的城市高 9.7%。而在 1530 年和 1560 年的数据中，在 1500 年前是否拥有印刷所与城市信仰的宗教相关性不显著，其中，主教这一变量的系数为负显著。天主教主教的存在说明了回归中被忽略的变量可能造成回归偏误。在 1500 年之前拥有主教的城市可能本身较为重要或者较为富裕，故此，一座拥有主教的城市在 16 世纪前的居民识字率可能比其他城市更高，也可能因为居民识字率较高而对书籍需求量更大。这些城市更可能采用印刷术，而主教的存在说明当地天主教势力更为强大，所以这些城市接受宗教改革的概率更低，从而导致印刷术对宗教改革的促进作用被低估（图 3）。

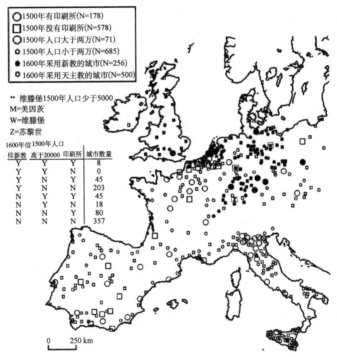

图 3　新教、印刷术与 1500 年欧洲人口多于 5000 人的城市示意图

注：笔者根据 Rubin (2014) 文中图 1 重新制作

为了解决这一内生性问题，作者采用了到美因茨的距离作为工具变量。作者使用 IV-probit 模型估计发现的结果与 probit 模型估计的结果截然相反，从 1530 年到 1560 年，在 1500 年之前拥有印刷所的城市更可能接受宗教改革，而 probit 模型估计结果显示在 1500 年之前接受印刷术与城市宗教取向并无关联。此外，使用工具变量进行的二阶段最小回归估计发现这一效应在 1600 年消失了，与 probit 模型估计的显著相关不同。作者认为印刷术在宗教改革早期的 1530—1560 年对路德宗的传播产生了重要的影响，而这一促进作用在 1600 年后逐渐消失。作者对这一现象的解释是天主教会在发现路德宗的传教行动后，也随之采用印刷术进行宣传，由于天主教会自身的主导地位，他们动用宣传机器抵消了路德宗宗教改革宣传的影响。另一种可能性是印刷术只在宗教改革早期影响力尚非常薄弱时起到了推动的作用，而随着时间的推移，其他因素如政治、反宗教改革运动等的影响逐渐扩大，故而观察到的印刷术的作用的逐渐减弱。然而，该文只发现了印刷术促进宗教改革与经济发展的作用，其未能分别宗教改革与经济发展在逻辑链条上的位置，新教城市经济发展的原因可能是它们早期接受了印刷术，从而获取了某些发展优势；另一种备择假设则是拥有印刷术的城市因为更可能改宗新教而获取了某种工作精神或增加了人力资本积累从而得以发展起来，该文对于宗教改革和印刷术二者孰因孰果没有做出分别。

最后，Sascha Becker 教授介绍了自己与合作者对于当前对宗教改革原因和结果的文章所做的综述文章《新教改革的原因与结果》(Becker et al., 2016)。该文首先从供给侧和需求侧概括了目前为主学界对于宗教改革发生原因的认知，从供给侧而言，推动的因素包括印刷术的发明与竞争 (Rubin, 2014; Dittmar and Seabold, 2015)，奥斯曼帝国的入侵 (Iyigun, 2008)，以及意识形态从宗教改革重镇向外传播和学生来到维滕堡、苏黎世、巴塞尔、科隆和鲁汶等城市学习 (Rubin, 2014; Pfaff and Corcoran, 2012; Kim and Pfaff, 2012)。需求侧的因素则包括政治自治

（Cantoni, 2012）、贵族庇护（Kim and Pfaff, 2012）、长子继承权（Ekelund, Hébert & Tollison, 2002）与农业潜力（Curuk and Smulders, 2016）等。

宗教改革的结果主要包括人力资本累积与政府治理水平的提高，这两者均能促进经济发展。从人力资本的角度看，新教鼓励教徒工作，因此教徒工作时长更长（Spenkuch, 2011），更不倾向于增加休闲，鼓励政府干预与再分配的公投（Basten and Betz, 2013），在失业时生活满意度也更低（Van Hoorn and Masland, 2013）。因此新教徒更倾向于积累人力资本，新教徒地区用于教育的公共开支更高（Boppart et al., 2013），小学入学率也更高（Becker and Woessmann, 2010）。这一现象导致新教徒地区识字率较高（Becker and Woessmann, 2009），且居民读写、数学能力等都较高（Boppart et al., 2014）。在教育方面性别不平等程度更低（Becker and Woessmann, 2009）。

在政府治理方面，宗教改革促进了国家体系的形成（Philpott, 2000; Nexon, 2009）与议会作为立法机构的出现（Rubin, 2017; Greif and Rubin, 2014），新教促进了法律的理性化（Berman, 2009）及国家教堂与社会规范的建立（Gorski, 2000; Gorski, 2003），而贫困救济（Pullan, 2005）与社会福利计划（Kahl, 2005）也都与新教有关。人力资本累积和更好的政府治理模式促进了经济发展，增加人均收入与第二、第三产业就业人数（Becker and Woessmann, 2009），促进了城市的增长与规模扩大（Cantoni, 2015; Dittmar and Meisenzahl, 2016），促进了宗教少数群体的创业行为（Nunziata and Rocco, 2014; Nunziata and Rocco, 2016）。此外，学生在大学里也更倾向于选择世俗的专业与职业（Cantoni et al., 2016）。

宗教改革尽管带来了经济增长等许多好处，但也不是没有阴暗面。在猎巫运动与纳粹反犹运动中，新教地区进行得更为激烈（Leeson and Russ, 2017; Spenkuch and Tillmann, 2016; Becker and Pascali, 2019; Becker and Woessmann, 2018; Torgler and Schaltegger, 2014），学者目前关于宗教改革已经有了许多研究，然而还有更多的领域等待后来者进行探索。

三、帝国已死，帝国万岁！哈布斯堡帝国的余荫

在宗教之外，正式的政治制度对于经济发展也有长远的影响，而有时即使正式制度早已终结，其影响仍可能通过非正式的社会规范对未来的经济发展产生影响。Becker 教授就哈布斯堡帝国的正式制度对所属国家经济的长期影响撰写了《帝国已死，帝国万岁！信任与官僚系统腐败的长期影响》，该文 2016 年发表于 *The Economic Journal*。

"君王已死，君王万岁"这一口号用于新旧君主交替的时候，君王虽已死，而帝国将随着君王世系的传递而万寿无疆。但如果是整个帝国灭亡了呢？帝国的遗产会如何影响人民，这一影响又将会如何传递？在该文中，作者发现，即使在哈布斯堡帝国灭亡九十多年后的今天，帝国的制度遗产仍然造福于生活在其故地的人们，在哈布斯堡帝国统治过的地区，公共部门中腐败更低，人们对公共部门的信任度也更高。这一案例再次证明历史仍在影响今天的人们，正式的制度虽然已经消失了，但却依然影响了人们互动的模式，并通过文化范式这类非正式制度的渠道传承下来。

关于历史遗产对现代经济发展的研究主要有三个方向，第一个方向研究历史事件对于现代正式制度的影响（North, 1982; North, 1990），如殖民地统治对现代制度的影响（Engerman and Sokoloff, 1997; Porta et al., 1998; Acemoglu et al., 2001, 2002）、大西洋贸易对欧洲制度演化的影响（Acemoglu, et al., 2005）、非洲奴隶贸易的长期影响（Nunn, 2008），以及法国大革命和拿破仑战争对于中欧的影响（Acemoglu et al., 2011）。第二个方向研究历史事件对于价值观、信仰、文化与社会范式的影响，如马格里布商人在执行合约时更倾向于集体行动，故此群体中信息交流更充分，也更依赖于集体的行为对毁约者进行惩罚，而热那亚商人

更为个人主义，而独立执行合约需要政府和法律的保护（Greif, 1994），统一后民主德国人相比于联邦德国人更倾向于政府介入经济活动并进行再分配（Alesina and Fuchs-Schündeln, 2007）；中世纪意大利独立城邦在居民中累积了更高的社会资本，导致意大利在近现代统一后出现了显著的南北经济发展差异（Putnam, Leonardi & Nanetti, 1994; Guiso, Sapienza & Zingales, 2016）；欧洲各地居民对周围人的信任度与尊重程度较高的地方发展较快（Tabellini, 2010）。在讨论正式与非正式制度对经济发展的影响后，第三个方向则研究正式制度与文化等非正式制度的相互影响（Greif, 2006），如奴隶贸易对于非洲地区文化范式和正式制度的影响，曾遭受过更多掠奴行动影响地区的居民今天的信任度普遍更低（Nunn and Wantchekon, 2011）。

该文属于第三个方向，研究一种早已消失的哈布斯堡帝国的正式制度对今天人们与政府之间交互文化范式的影响。此前关于信任的研究主要集中于人与人之间的交往（Arrow, 1972）。而这里，作者关注公民与政府之间的关系，这一关系与集体行动中规则的执行和国家政权的良好运转密切相关（Ostrom, 1998）。在公共服务中，法庭与警局作为规则的强制执行者的存在是最基本的（Hayek, 1960），故此该文集中研究了当地居民对于法庭和警局的观念是如何受哈布斯堡帝国公务员制度影响的。

作者选取哈布斯堡帝国作为该文背景，是因为历史上从没有一个家族对欧洲产生过如此持久而又深刻的影响（Taylor, 1976）。另外，在近代，法国、德国等重要国家疆域的变动相对较少，而哈布斯堡帝国曾经横跨东中欧的土地，被哈布斯堡帝国国界穿过的国家包括黑山、波兰、罗马尼亚、塞尔维亚与乌克兰，适合进行断点回归。作者选取这五个国家在哈布斯堡国境附近 200 千米内的地区作为研究对象，属于不同国家的被研究地区在哈布斯堡帝国灭亡后，在相同的正式制度下维持了数十年，各地早已采取了所在国的正式制度。同一国家内被研究地区唯一的不同是有些地区处于早已灭亡的哈布斯堡帝国历史疆域内，有些地区在哈布斯堡帝国历史疆域外。而哈布斯堡帝国疆域的形成本身是较为外生的，许多领土并非哈布斯堡帝国主动扩张所取得。

哈布斯堡家族从 11 世纪开始，通过婚姻、继承与战争不断地获得西起西班牙，东到匈牙利、波斯尼亚等地的领土。1526 年，哈布斯堡家族当时的领袖、奥地利的费迪南德被选举为匈牙利、克罗地亚与波西米亚的国王，位处东欧。哈布斯堡家族的主要任务是阻止东南方向上奥斯曼帝国的扩张，这也意味着其战略重心分布在东南部而非东北部。其在东北部的领土扩张基本上是意外的，也即意味着是外生的。由普鲁士和沙俄安排对波兰的第一次瓜分将位于东欧的加利西亚和洛多梅利亚给予了哈布斯堡帝国，俄土战争后 1774 年的条约将布科维纳给予了哈布斯堡帝国。1878 年的柏林条约后，哈布斯堡帝国又获得了波斯尼亚、黑塞哥维纳、黑山和塞尔维亚部分地区，故此作者可以选取哈布斯堡帝国历史边界作为断点而不必担心内生性问题。

19 世纪，相比于包括沙俄在内的周边国家，哈布斯堡帝国更为中央集权，拥有更为发达和广泛的官僚体系。皇帝的意志可以贯彻到帝国的每一个角落，而民众也感到帝国官僚体系较为有效率，官员比较诚实而认真地工作，整体而言，官僚体系的运作大体上在造福人民。这一官僚体系是由哈布斯堡家族执政者经过长期改革形成的。从 1781 年开始，哈布斯堡帝国对法官采用了高薪养廉制度，避免他们接受贿赂（Ingrao, 2019）。在边疆建设方面，哈布斯堡帝国对欠发展地区提供补贴，并建设铁路以促使这些地区融入帝国。此外，哈布斯堡帝国于 1781 年废除了农奴制，比沙俄早了 80 年。在今天，罗马尼亚曾经属于哈布斯堡帝国的地区还会在公共部门贴出"拒绝贿赂"的告示。在历史上哈布斯堡帝国官员相对廉洁的表现与地方公众对他们的广泛接受促使人们在哈布斯堡帝国崩溃后，仍然对于地方公共服务保有较高的信任度，这也导致了公民在与地方政府机关互动时较低的腐败水平。

该文使用了转型国家生活调查（Life in Transition Survey）的数据，

这一调查在被调查的 29 个国家的每个国家中调查 50 个不同的地区，每个地区抽取 20 家庭，调查数据给出了受访者具体所在位置，这为作者的断点回归提供了良好的数据支持。另外，作者使用历史地图与现代地图对比，标注出样本中市镇是否曾经是哈布斯堡帝国的一部分以及其何时成为哈布斯堡帝国的一部分。在转型国家生活调查的样本中，共有 17 个国家处于哈布斯堡帝国历史边境附近，有 5 个国家曾经被哈布斯堡帝国国界穿过，它们是黑山、波兰、罗马尼亚、塞尔维亚和乌克兰。其中塞尔维亚 88%的国土曾经属于哈布斯堡，而乌克兰只有 12%属于哈布斯堡帝国，其余 3 个国家 40%—50%的国土曾属于哈布斯堡帝国。为了避免样本中各被调查家庭距离历史上哈布斯堡帝国边界过远，导致地区异质性影响受访家庭对于公共服务的态度，作者选择了 17 个现代国家在哈布斯堡帝国历史边界 200 千米以内的区域作为断点回归的研究区域（Dell，2010）。此外，作者将距离的高次多项式加入回归当中作为控制变量，并选择了更小的不同距离宽度作为稳健性检验。

调查问卷中与信任相关的问题是"你在多大程度上信任以下机构？"这一问题问及被调查者对警察和法庭的观念，从 1 到 5 分别为"完全不信任""有些不信任""中性""有些信任""完全信任"，选择"难以回答"的在样本中被去除了，而对于腐败的调查来源于问题"在你观念里，像你一样的人们在相关场景里有多大频率需要支付规定以外的费用？"选项从 1 到 5 分别是"从不""很少""有时候""经常""总是"。

作者对 ordered logit 模型进行估计后，发现哈布斯堡帝国故地的受访家户有显著更高概率信任法庭与警察，也认为生活中有显著更低的概率需要向法庭或者警察进行贿赂。在控制了受访家庭到哈布斯堡历史边境的距离后，哈布斯堡帝国历史疆域内腐败较低的效果仍然保持稳健。为了验证这一效果是否单纯反映了东西欧的区别，作者将研究断点向东或西分别移动了 100 千米，发现虚拟的历史边界与受访者的信任度和对腐败的看法不相关，说明这一效应是由哈布斯堡帝国的统治与历史边界决定的。为了排除地理因素的影响，作者对比了哈布斯堡帝国内外地区的海拔高度，以及疆域内外城市大小、贸易路线和教区城市，发现哈布斯堡帝国历史疆域内外的自然地理与城市特征都没有显著区别。

此外，作者猜测这一长期影响来源于历史上哈布斯堡帝国优质的与广受地方居民尊敬的地方统治机构。为了验证这一长期影响的渠道，作者利用历史上哈布斯堡帝国对地方文化较少进行介入与干涉的情况，对比哈布斯堡帝国历史边界内外地区人与人之间信任度的调查结果，发现在哈布斯堡帝国历史边界内外的居民在对周围个体的信任度上没有显著区别，可见居民对于政府的信任并非产生于本地文化。

总而言之，该文研究了哈布斯堡帝国历史制度对于当地居民对公共部门的观念的长期影响。该文只排除了正式制度的影响，在相同现代国家与相同正式制度下，哈布斯堡帝国故地的居民仍保有对政府较高的信任度，可能的假说包括家庭代际文化的传递、民众与官员的人力资本传承、人们交往模式的持久性质等，但具体作用的渠道目前还需要更多的研究。

四、大迁移的长期后果：一个对人力资本
影响的应用

在介绍了正式制度对文化的影响后，Becker 教授介绍了迁移这一类历史事件对于人群文化的影响。相关文献关注人们的行为和态度，如人们对教育的态度、对周边人信任度等是如何被塑造的。然而，由于文化是由人类在各个社会长期的相互交往中逐渐形成的（Alesina and Giuliano, 2015），研究文化这类非正式制度的演化必然需要处理内生性的问题。因此，经济学家往往希望考察一些外生的因素对某个群体的冲击，从而通过较为外生的半自然实验了解历史事件对于相关群体文

化的影响。在本讲中，Becker 教授关注强制迁移这一过程，由于战争、自然灾害等原因，常常有群体作为战争难民或环境难民被迫离开原居住地。他首先总结了这一研究方向文献的概况（Becker & Ferrara, 2019），并介绍了自己的一篇工作论文。

据联合国难民署估计，目前世界上有超过 6500 万人因为内战、国家间战争与自然环境变化被迫离开原先的居住地。历史上著名的强制移民案例之一是第二次世界大战后的德国，战后德国原有东部领土被划入波兰，所有德国人被迫离开，只有部分波兰裔居民留下；另一案例是 1947 年独立后的印度次大陆，由于印度与巴基斯坦各自独立，原先完整的英属印度殖民地不复存在，印度教徒大量离开巴基斯坦进入印度，而穆斯林则离开印度进入巴基斯坦。在这两个案例中，人们永久性地被迫离开了原居住地。而在当代社会，叙利亚战争、利比亚战争等地区间动荡往往造成数百万人流离失所，而其影响是暂时的还是永久的直到目前还尚不明确。

另一种强制迁移的原因是宗教斗争，驱逐少数团体。路易十四于 1685 年取消《南特敕令》后大量驱逐胡格诺教徒，而弗里德里克·威廉作为勃兰登堡选帝侯和普鲁士公爵接受了大量被法国驱逐的胡格诺教徒，从而也接收了随他们而来的手工业技能。还有一个著名案例则是犹太人，欧洲的排犹运动开始于 14 世纪。各地自发的排犹运动有时是暂时的，有时是永久的，强度也各不相同，宗教改革后，路德宗地区对犹太人的排斥态度更强于天主教地区（Becker and Pascali, 2019）。

强制迁移的原因还包括公共政策如拆迁，以及完全随机的自然灾害。有的自然灾害结束后居民仍可以选择回到原居住地，如 2005 年美国的卡特琳娜飓风；而有的灾害则永久性地摧毁了原居住地，1973 年冰岛火山喷发导致韦斯特曼群岛部分地区被彻底破坏，火山喷发的岩浆破坏了一部分房屋，岩浆未及的地区则受飘飞的火山灰影响发生了火灾。灾前居民世代以捕鱼为业，房屋被摧毁后，受灾渔民选择搬去冰岛首都雷克雅未克。这一火山带来的随机强制迁移制造了外生的冲击，迁出渔民的后代在进入雷克雅未克后选择了金融业从业者、医生等职业（Nakamura et al., 2016）。

从意愿角度分类，移民大体上可以分为自愿的和被迫的。然而这两者并非二元对立的，移民的情况往往处于光谱两端中间的某处，经济移民看似主动选择迁移；但是移民本人可能认为自己因为缺乏工作机会而被迫迁移，战争移民看似被迫离开居住地，然而在战争中，也并不是所有人都背井离乡。故此 Becker 教授认为在研究中界定强制移民时，主要依据是他是否是因为超出个人影响范围与个人意愿决定因素而移民，这种因素往往呈现出推力，迫使移民离开。

截至目前，研究者主要关注于大规模的移民，相比于小股移民，研究者较容易通过调查获得研究样本。然而类似的移民行动往往涉及数百万人，小股移民进入接收地后往往被当地人口逐渐同化，而大量移民进入接受地后，当地往往面临消化接收的困难，甚至由于这部分人整体移动，可能对接收地也反向造成影响。目前研究者对大规模移民对接收地产生的影响研究还非常不足，这一方面的案例有 2004 年欧洲联盟接受东欧国家后产生的移民潮。

从移民的预期停留时限角度分类，移民可以分为永久性移民与暂时性移民，边界重划导致的移民往往是永久的。而难民属于哪一分类则取决于具体环境，有的难民移动是永久的，有的是暂时的。对美国难民的研究发现区分经济性移民与难民很重要（Cortes, 2004），因为二者对停留时间的预期是不同的，经济性移民往往计划永久停留在美国。

一般而言，移民有一些相似的特征，如都需要适应新的环境。但是相比于自愿的移民，被强制移民有如下的特征：生理或心理上的痛苦、由于毁坏或被驱逐而失去财产、离开原居地是次优的选择或往往无路可选。但也有例外（Nakamura et al., 2016），另一个显著特征是移民往往并不明确自己是永久离开或暂时离开，因为他们的离开时限取决于环境变化，而不取决于移民自己。因此，强制移民可能在某些程度上对接收地的影响与自愿移民不同，强制迁移活动对于移民的影响也可能与自愿迁移不同，强制移民对投资的决定、偏好、健康都可能不同，如被强制迁移者相比于本地居民可能更重视动产与教育，而相对不重视不动产。

其他对移民相关的经济学研究主要聚焦于发展中国家发生的强制迁移，这些迁移主要由内战引起（Ruiz and Vargas-Silva, 2013; Maystadt et al., 2019），也有人对目前已有的研究进行荟萃分析（Verme and Schuettler, 2019）。

目前对移民影响的研究主要分几方面：一是研究移民对人口流入地社会的影响。例如对 2012—2014 年叙利亚由于内战迁入土耳其的难民进行的研究发现，移民迁入地会有更多外资企业，企业总利润和净销售额增加（Akgündüz, Van den Berg & Hassink 2018）。此外，企业的产值也增加（Altindag, Bakis & Rozo, 2019）。对苏丹的研究发现达尔富尔冲突导致难民流入苏丹其他地区，难民流入地的本地失业率降低、本地高技能行业就业增加，难民失业率增加，短期内低技能本地人口财富减少，对货物的需求增加。此外，食品、住房价格都增长，新企业增加（Alix-Garcia and Bartlett, 2015; Alix-Garcia et al., 2012）。而对苏丹和索马里难民从 1991 年以来持续流入肯尼亚的研究表明，迁入地对农牧业产品需求增加，经济活动增加，消费也增加（Alix-Garcia et al., 2018）。

二是研究移民行为对人口流出地社会的影响。1941—1945 年犹太居民被纳粹驱逐或屠杀的苏联城市在战后人口较少、人均收入和工资较低，而在苏联解体后对社会主义政党的投票比率更高（Acemoglu et al., 2011）。而在德国，1933 年后到第二次世界大战结束前，受驱逐犹太人行动影响的德国学龄儿童接受教育的年限更低，更不可能完成高中学业以及进入高等教育（Akbulut-Yuksel and Yuksel, 2015）。而土耳其在 1915—1917 年驱逐亚美尼亚人与 1919—1923 年驱逐希腊人后，人口流出地的人口密度、城市化率以及夜间灯光亮度都更高，在原亚美尼亚人与希腊人聚居地附近的社区也较为繁荣，其原因是住在少数族裔较多的地区的穆斯林受教育程度比少数族裔少的地区的穆斯林高（Arbatli and Gokmen, 2018）。此外，对 1991—1995 年南斯拉夫解体战争期间，南斯拉夫难民前往德国工作，在战后回到本国会促进了其曾被雇佣的行业在国际上出口的竞争力（Bahar et al., 2018）。而对印度与巴基斯坦分治的研究表明，由于移民大多教育水平较高，因此人口流出地的识字率会降低，而流入地的识字率会提高（Bharadwaj et al., 2015）。

三是研究强制迁移活动对移民本身影响的研究。1915—1917 年因为亚美尼亚大屠杀离开奥斯曼帝国回到亚美尼亚地区的移民更有可能投票支持亚美尼亚革命联盟并以联盟中叛乱者的名字命名自己的子女（Arbatli and Gokmen, 2018）。1944—1946 年从东欧原属德国疆域内被迫迁出的德国第一代移民除了失地农民外收入往往更低，在 68 岁后的死亡风险也更高（Bauer et al., 2013; Bauer et al., 2017），而从波兰移入德国故地的移民后代教育水平更高，有更高的可能性完成高中或大学教育，且对无形资产的偏好更高（Becker et al., 2018）。对 2001—2005 年迁入美国的难民研究发现，同期涌入的难民越多，难民进入美国后的收入越低，而如果本地先前存在的同源移民社区越完善，难民收入越高（Beaman, 2011）。研究者还认为可以通过机器学习规划迁移到瑞士的非洲法语区移民流入地，帮助移民利用其语言能力得到更高的回报（Bansak et al., 2018）。

四是移民被迫离开原住地时考虑的暴力因素。在内战或单纯的地方性混乱中，小地主之类的居民更容易受到冲击，故此在洪都拉斯、萨尔瓦多、危地马拉和哥伦比亚等地，谋杀率的上升会导致孤儿流入美国的情况增加（Clemens, 2017; Ibáñez and Vélez, 2008）。而在尼泊尔发生反政府暴动的地区，每百万人死亡数增加 100 会导致向印度、马来西亚与波斯湾地区的移民率提高 0.8%（Shrestha, 2017）。

就目前而言，强制迁移对于人口流出地造成的影响的研究还很不足。从对流入地所受影响的角度看，由于强制移民集体行动前往某一地区，这一与少量自愿移民不同的特征所造成的影响有什么区别也尚不明确。而对移民群体自身所受影响的研究主要集中在移民与接收地社群的融合，而对于被迫移民与主动移民对迁移者影响的区别研究还很不足，对于被迁移者的目的地选择研究也不足。此外，目前研究者往往只关注移民所来自的国家，对于他们细分来自于城市或者乡村以及他们迁移目的地是城市或者乡村还缺乏关注。

Becker 教授目前研究的关注点是强制迁移对于移民的影响，考察第二次世界大战后波兰从东到西的整体移动如何改变了受此影响的移民及其后代对待人力资本的态度（Becker et al., 2018）。在经济学家和历史学家中有一个经典的假说：强制迁移会导致被迁移者更倾向于投资动产①，而限于迁移中同时存在的各种因素，这一假说往往难以被验证。常见的实证研究挑战包括被迁移者与迁入地本土居民在很多其他维度上各不相同，如民族、语言、宗教等，如犹太人因为宗教原因长期重视教育（Eckstein, 2012）；另外，移民往往难以获得当地生产性资产如土地，在第二次世界大战结束后被迫离开原德国东部领土的农民在背井离乡后进入其他生产部门（Bauer et al., 2013），此外，对迁入者的歧视也可能导致移民难以积累物质、人力资本。

因此，该文选择第二次世界大战结束后波兰的大规模强制迁移作为一个独特的半自然实验。第二次世界大战结束后各国重新划定国界，波兰失去了寇松线以东克雷西地区的领土，而从德国处获得了西部领土，克雷西地区主要包括今天乌克兰西部和白俄罗斯西部以及立陶宛东南部的领土，这三国当时都是苏联的加盟共和国，而西部地区则是从波罗的海到捷克北部以及东北部边境的原德国领土。在第二次世界

---

① 犹太人作家 Amos Oz 曾说，犹太人家庭相信教育是对未来的投资，是唯一一个不会被从其子女手中夺走的财产。

大战后动荡的国际环境中，为了避免在下一次可能的领土划分中失去波兰人口较少的西部地区，波兰政府需要将人口大规模撤出东部波兰并向西部波兰充实人口。波兰人口迁移作为自然实验的优势是迁入地与迁出地的主体民族均是波兰人，语言、宗教也都相似，因此在迁出地和迁入地都不会受到歧视。这一过程有效地把迁移事件和其他可能对移民产生影响的因素分割开来，该文利用 2015 年和 2016 年进行的两项大规模调查，研究祖先来自克雷西地区的波兰人相比于其他波兰人的教育优势，以及这一高水平教育产生的原因。

在第二次世界大战前，波兰人均识字率为 63.4%，而克雷西地区识字率低于平均值，仅为 58.9%。相比之下，在 2015 年的调查中，波兰平均高中毕业率为 48.0%，祖先来自于克雷西地区的人群高中毕业率则为 60.6%，远高于波兰其他群体的高中毕业率，显示出与第二次世界大战前截然不同的对比。而对不同出生时期的人进行考察后发现，祖籍克雷西地区的群体中，出生于 20 世纪 30 年代前的个体所受教育与其他群体的同龄人没有显著区别，因为他们在第二次世界大战结束前已基本完成教育。出生于 20 世纪 30 年代（在 1945 年后进入高中）的群体受教育程度则显著高于此前出生的群体或者非来自克雷西地区的同龄群体，其中尤其以 20 世纪 30 年代出生，在第二次世界大战结束后进入初高中学习的群体效应最为显著。作者进行检验排除了此前克雷西地区波兰人与其他波兰人存在的教育或偏好的差别、克雷西地区移民的选择或自愿移民、其他备择机制如受教育与工作机会的不平等，确认克雷西地区移民受教育程度的变化来源于他们的强制迁移活动，被迁移后移民更偏重于人力资本投资，而较不偏好物质资本投资。

目前相关的文献主要关注强制移民对于接收地经济的影响。接受地的特征往往会影响移民对当地的融入程度（Braun and Mahmoud, 2014; Peters, 2017; Braun and Dwenger, 2017），或影响强制迁移行为对移民自身的影响，他们需要学习当地文化并逐渐融入当地社会（Sarvimäki et al.,

2019; Bauer et al., 2013）。而该文从长期影响的角度研究了强制迁移对于教育的影响，从而考察强制迁移对经济发展的影响。

在第二次世界大战结束后，根据美、苏等国的安排，重建的波兰整体向西平移，失去了东部的克雷西地区，得到了西部地区作为补偿。因为这一疆域变化，约 210 万波兰人被迫离开克雷西地区，其中约 73% 迁移到了西部地区。西部地区在第二次世界大战前后也发生了巨大的变化，1939 年西部地区有 880 万人口，其中 770 万为德国人，100 万为波兰裔居民。而 1945 年战争结束时，当地只有 350 万德国人，到 1950 年时当地人口达到 560 万，而且几乎全部为波兰人。1950 年当地的波兰人中 20%是原居住于德国领土内的波兰裔；30%的人口是来自克雷西地区的强制移民，这部分人由军队装运上火车送往西部地区；其余 50%为中部波兰来的自愿移民，波兰政府进行大量宣传并分配免费房舍以及土地，鼓励中部波兰居民前往西部开垦。这一波兰当局推动的大规模移民是为了造成既成事实，以人守土，确保获得的领土不被再次分走。因此，波兰当地政府同等对待自愿移民和克雷西地区的强制移民，希望通过鼓励措施使西部地区成为波兰领土。在许多克雷西移民后裔的回忆录中，他们都提到了对于教育和知识的重视。因为历史上的经验，移民后裔更重视不能被人夺走的财产——教育与技能，教育可以抵御除了个体死亡外的所有灾难事件。

作者使用了 2015 年对波兰境内各地进行的诊断调查数据，这一数据明显的优势是覆盖了全波兰人口，不存在样本选择偏误问题。对波兰第二次世界大战前居民特征的分析发现，在 1921 年时，波兰寇松线内外罗马天主教徒（波兰主体居民信仰天主教）的识字率没有显著区别。而在 2015 年对中部波兰居民的调查发现，祖上来自克雷西地区的移民教育程度显著高于其他中部波兰居民，来自克雷西地区的移民后裔也更可能完成高中教育以及高等教育。在劳动市场上，祖先来自克雷西地区的移民后裔更倾向于从事白领工作，失业的概率也更低。在观念方面，克雷西移民更倾向于为子女提供更高的教育，更倾向于认为自由而非物质产品是保障成功的主要条件，且持有更高比例动产，如金融资产等更易携带的财产。

此外，作者采用了在西部地区进行的祖源调查数据。这一数据的优势是较为详细地记录了受访者的祖源信息，但缺点是数据可能存在选择偏误，自愿迁入西部地区的移民可能本身存在某些被忽略的特征，与其他自愿移民和本地原住民有系统性的区别，如其祖先可能在原来居住地收入更低。这一调查记录了受访者（父系和母系）所有在 1939 年以前成年的祖先，从而计算出受访者祖辈来自克雷西地区（强制移民）、中部波兰（自愿移民）、西部地区（本地人）、国外（1939 年时）的比例。此外，这一调查记录了受访者祖先的城市或农村来源，提供了城乡层面的控制变量。作者使用这一数据，以中部波兰祖源作为基准组，确认祖辈中来自克雷西比例更高的受访者接受教育年限显著更高，完成中等教育与高等教育的可能性也越高。与此相反，祖先来自西部地区的比例越高，受访者接受教育年限越低，其完成中等教育或高等教育的概率也显著越低。将样本限制在祖先来自寇松线附近 150 千米的范围后，这一结果仍然稳健。

为了验证这一长期效应的稳健性，作者首先使用第二次世界大战前 1921 年波兰的人口普查数据，发现当时克雷西地区的罗马天主教徒识字率比中部波兰的低。这一效应主要集中于农村地区，两个地区城市人口的识字率基本相差不多，排除了第二次世界大战前克雷西地区居民受教育程度高于其他波兰人的可能性。其次，作者需要排除迁移过程中的选择效应。作者通过历史证据证明，尽管仍有少数地区的波兰人被允许留在苏联境内，克雷西地区的波兰人基本全部被迫迁移，这排除了被迁出克雷西的移民是被筛选过的可能性；同时，作者对比了祖辈来自克雷西地区城市与农村的受访者，发现两种祖源对后代产生的教育效应是相似的。另一种需要排除的可能性是波兰当局选择了较为贫穷的中下层克雷西波兰人迁移到波兰中部，而将收入和教育较高的克雷西波兰人迁入西部地区。这一可能性不会影响对波兰全国调查数据的分析，而西部地区和中部波兰克雷西移民增加的教育程度基本是相似的，在这两个地区的克雷西移民没有系统性的差别。

通过回归分析，作者发现，克雷西移民的后代平均受教育年限仅比别的地区移民高约 1.4 年，这可能受三个因素产生影响。一是教育程度更高的人更可能主动选择迁移到波兰西部地区进行开发；二是移民本身都更为重视教育，即使这一效应在自愿移民中不如在强制移民中那么显著；三是劳动市场溢价，克雷西移民后代教育程度更高，在西部地区的劳动力市场上产生溢价，从而促进了中部波兰移民的后裔选择接受更多的教育。这三种因素都意味着中部波兰前往西部地区的移民会选择为子女提供更高的教育，从而会导致对克雷西移民效应的低估，这说明强制移民对于被迁移者后代教育水平的长期影响是正向显著的。这一研究结果在政策上的意义在于，对难民授之以鱼不如授之以渔，由于他们对于教育的需求更高，为难民提供教育是有效率的行为。

五、结　语

总而言之，目前经济学界对于文化和经济发展的关系已经有了较为深入的研究，但是在部分细分领域中做得还有所不足。在对文化的研究中，研究者需要将文化这一深植于人类社会的因素从周围的环境中抽离出来。这也意味着不能单纯通过控制变量的方法进行回归分析，因为文化与经济本身就是一个一般均衡体系中形成均衡结果的不同侧面。因此常用的实证策略是选择历史上一些偶然发生的事件，选取合适的工具变量，或构建半自然实验，利用较为外生的冲击，将文化从社会环境中单独剥离出来，从而构建更为纯粹的因果关系分析。

整理人：魏金霖，华威大学研究型硕士在读

授课老师简介：

Sascha O. Becker 教授，现为澳大利亚莫纳什大学杨小凯讲席教授、华威大学兼职教授。Sascha O. Becker 于 2001 年 11 月被授予欧洲大学学院博士学位，2002—2008 年任德国慕尼黑大学助理教授，2008—2010 年任英国斯特林大学教授，2010—2011 年任英国华威大学经济系副教授，2011—2019 年任英国华威大学经济系教授、全球经济比较优势研究中心主任、英国皇家经济学会选举委员会委员。Sascha O. Becker 教授的研究领域为经济史、劳动经济学、教育经济学以及公共经济学。

参考文献

Acemoglu D, Cantoni D, Johnson S, et al. 2011. "The Consequences of Radical Reform: The French Revolution." *American Economic Review*, 101(7): 3286-3307.

Acemoglu D, Hassan T A, Robinson J A. 2011. "Social Structure and Development: A Legacy of the Holocaust in Russia." *The Quarterly Journal of Economics*, 126(2): 895-946.

Acemoglu D, Johnson S, Robinson J A. 2001. "The Colonial Origins of Comparative Development: An Empirical Investigation." *American Economic Review*, 91(5): 1369-1401.

Acemoglu D, Johnson S, Robinson J A. 2002. "Reversal of Fortune: Geography and Institutions in the Making of the Modern World Income Distribution." *The Quarterly*

Journal of Economics, 117(4): 1231-1294.

Acemoglu D, Johnson S, Robinson J. 2005. "The Rise of Europe: Atlantic Trade, Institutional Change, and Economic Growth." *American Economic Review*, 95(3): 546-579.

Akbulut-Yuksel M, Yuksel M. 2015. "The Long-Term Direct and External Effects of Jewish Expulsions in Nazi Germany." *American Economic Journal: Economic Policy*, 7 (3): 58-85.

Akgündüz Y E, van den Berg M, Hassink W. 2018. "The Impact of the Syrian Refugee Crisis on Firm Entry and Performance in Turkey." *The World Bank Economic Review*, 32 (1): 19-40.

Alesina A, Fuchs-Schündeln N. 2007. "Goodbye Lenin (or Not?): The Effect of Communism on People's Preferences." *American Economic Review*, 97(4): 1507-1528.

Alesina A, Giuliano P. 2015. "Culture and Institutions." *Journal of Economic Literature*, 53 (4): 898-944.

Alix-Garcia J, Bartlett A. 2015. "Occupations under Fire: the Labour Market in A Complex Emergency." *Oxford Economic Papers*, 67 (3): 687-714.

Alix-Garcia J, Bartlett A, Saah D. 2012. "Displaced Populations, Humanitarian Assistance and Hosts: A Framework for Analyzing Impacts on Semi-Urban Households." *World Development*, 40 (2): 373-386.

Alix-Garcia J, Walker S, Bartlett A, et al. 2018. "Do Refugee Camps Help or Hurt Hosts? The Case of Kakuma, Kenya." *Journal of Development Economics*, 130: 66-83.

Altindag O, Bakis O, Rozo S. 2019. Blessing or Burden? The Impact of Refugees on Businesses and the Informal Economy, (May 15, 2019). Available at SSRN: https://ssrn.com/abstract=3188406 or http://dx.doi.org/10.2139/ssrn.3188406.

Arbatli C E, Gokmen G. 2018. "Ethnic Capital and Sub-national Development: Armenian and Greek Legacy in Post-expulsion Turkey." *Available at SSRN 3273964.*

Arrow K J. 1972. "Gifts and Exchanges." *Philosophy & Public Affairs*, 1 (4): 343-362.

Arruñada B. 2010. "Protestants and Catholics: Similar Work Ethic, Different Social Ethic." *The Economic Journal*, 120 (547): 890-918.

Bahar D, Hauptmann A, Özgüzel C, et al. 2018. Let Their Knowledge Flow: The Effect of

Returning Refugees on Export Performance in the Former Yugoslavia (2018). CESifo Working Paper No. 7371. Available at SSRN: https://ssrn.com/abstract=3338700, 2019-11-30.

Bairoch P, Batou J, Pierre C. 1988. *Population Des Villes Européennes De 800 à 1850: Banque de données et Analyse Sommaire Des Résultats* (*la*). Librairie Droz.

Bansak K, Ferwerda J, Hainmueller J, et al. 2018. "Improving Refugee Integration Through Data-Driven Algorithmic Assignment." *Science*, 359 (6373): 325-329.

Barro R J, McCleary R M. 2005. "Which Countries Have State Religions?" *The Quarterly Journal of Economics*, 120 (4): 1331-1370.

Basten C, Betz F. 2013. "Beyond Work Ethic: Religion, Individual, and Political Preferences." *American Economic Journal: Economic Policy*, 5(3): 67-91.

Bauer T K, Braun S, Kvasnicka M. 2013. "The Economic Integration of Forced Migrants: Evidence for Post‐War Germany." *The Economic Journal*, 123 (571): 998-1024.

Bauer T K, Giesecke M, Janisch L. 2017. Forced Migration and Mortality. IZA Discussion Paper No. 11116. Available at SSRN: https://ssrn.com/abstract=3069459, 2019-11-30.

Beaman L A. 2011. "Social Networks and the Dynamics of Labour Market Outcomes: Evidence from Refugees Resettled in the US." *The Review of Economic Studies*, 79 (1): 128-161.

Becker G S. 1967. "Human Capital and the Personal Distribution of Income: An Analytical Approach." (No. 1). *Institute of Public Administration*.

Becker S O, Boeckh K, Hainz C, et al. 2016. "The Empire is Dead, Long Live the Empire! Long-Run Persistence of Trust and Corruption in the Bureaucracy." *The Economic Journal*, 126 (590): 40-74.

Becker S O, Ferrara A. 2019. Consequences of Forced Migration: A Survey of Recent Findings. *Labour Economics*.

Becker S O, Grosfeld I, Grosjean P, et al. 2018. "Forced Migration and Human Capital: Evidence from Post-WWII Population Transfers."(No. w24704). *National Bureau of Economic Research*.

Becker S O, Pascali L. 2019. "Religion, Division of Labor, and Conflict: Anti-semitism in Germany over 600 Years." *American Economic Review*, 109 (5): 1764-1804.

Becker S O, Pfaff S, Rubin J. 2016. "Causes and Consequences of the Protestant Reformation." *Explorations in Economic History*, 62: 1-25.

Becker S O, Woessmann L. 2008. "Luther and the Girls: Religious Denomination and the Female Education Gap in Nineteenth-Century Prussia." Scandinavian Journal of Economics, 110 (4): 777-805.

Becker S O, Woessmann L. 2009. "Was Weber Wrong? A Human Capital Theory of Protestant Economic History." *The Quarterly Journal of Economics* , 124 (2): 531-596.

Becker S O, Woessmann L. 2010. "The Effect of Protestantism on Education Before the Industrialization: Evidence from 1816 Prussia." *Economics Letters*, 107 (2): 224-228.

Becker S O, Woessmann L. 2018. "Social Cohesion, Religious Beliefs, and the Effect of Protestantism on Suicide." *Review of Economics and Statistics*, 100 (3): 377-391.

Berman H J. 2009. *Law and Revolution, II: The Impact of the Protestant Reformations on the Western Legal Tradition*. Cambridge: Harvard University Press.

Bharadwaj P, Khwaja A I, Mian A. 2015. "Population Exchange and Its Impact on Literacy, Occupation and Gender-Evidence from the Partition of India." *International Migration*, 53 (4): 90-106.

Blum U, Dudley L. 2001. "Religion and Economic Growth: Was Weber Right?" *Journal of Evolutionary Economics*, 11 (2): 207-230.

Boppart T, Falkinger J, Grossmann V. 2014. "Protestantism and Education: Reading (The Bible) and Other Skills." *Economic Inquiry*, 52 (2): 874-895.

Boppart T, Falkinger J, Grossmann V, et al. 2013. "Under Which Conditions Does Religion Affect Educational Outcomes?" *Explorations in Economic History*, 50 (2): 242-266.

Botticini M, Eckstein Z. 2012. *The Chosen Few: How Education Shaped Jewish History, 70-1492*. Princeton: Princeton University Press.

Braun S, Mahmoud T O. 2014. "The Employment Effects of Immigration: Evidence from the Mass Arrival of German Expellees in Postwar Germany." *The Journal of Economic History*, 74(1): 69-108.

Braun S, Dwenger N. 2017. "The Local Environment Shapes Refugee Integration: Evidence from Post-War Germany." (No.10-2017). *Hohenheim Discussion Papers in Business, Economics and Social Sciences*.

Cameron A. 1991. *Christianity and the Rhetoric of Empire: The Development of Christian Discourse*. Berkeley: University of California Press.

Cantoni D. 2012. "Adopting A New Religion: The Case of Protestantism in 16th Century Germany." *The Economic Journal*, 122 (560): 502-531.

Cantoni D. 2015. "The Economic Effects of the Protestant Reformation: Testing the Weber Hypothesis in the German Lands." *Journal of the European Economic Association*, 13 (4): 561-598.

Cantoni D, Dittmar J, Yuchtman N. 2016. Reformation and Reallocation: Religious and Secular Economic Activity in Early Modern Germany (November 2016). CEPR Discussion Paper No. DP11655. Available at SSRN: https://ssrn.com/abstract=2877260.

Card D. 1999. "The Causal Effect of Education on Earnings." *Handbook of Labor Economics*, 3 (1): 1801-1863.

Christopher B J. 1991. "Cities and Economic Development." *Cities* , 8 (3): 248-252.

Clair C. 1976. *A History of European printing*. London: Academic press.

Clemens M A. 2017. "Violence, Development, and Migration Waves: Evidence from Central American Child Migrant Apprehensions." Center for Global Development Working Papers (459).

Cortes K E. 2004. "Are Refugees Different from Economic Immigrants? Some Empirical Evidence on The Heterogeneity of Immigrant Groups in the United States." *Review of Economics and Statistics*, 86(2), 465-480.

Curuk M, Smulders S. 2016. Malthus Meets Luther: The Economics Behind the German Reformation (July 27, 2016). CESifo Working Paper Series No. 6010. Available at SSRN: https://ssrn.com/abstract=2828615.

De Vries J. 2013. *European Urbanization, 1500-1800*. Routledge.

Dell M. 2010. "The Persistent Effects of Peru's Mining Mita." *Econometrica*, 78 (6): 1863-1903.

Dittmar J E. 2011. "Information Technology and Economic Change: The Impact of the Printing Press." *The Quarterly Journal of Economics*, 126 (3): 1133-1172.

Dittmar J, Meisenzahl R R. 2016. State Capacity and Public Goods: Institutional Change, Human Capital, and Growth in Early Modern Germany.

Dittmar J, Seabold S. 2015. "Media, Markets, and Institutional Change: Evidence from the Protestant Reformation." *CEP Discussion Paper, 1367*.

Eisenstein Z R. 1979. *Capitalist Patriarchy and the Case for Socialist Feminism*. New York: Monthly Review Press.

Ekelund Jr R B, Hébert R F, Tollison R D. 2002. "An Economic Analysis of the Protestant Reformation." *Journal of Political Economy*, 110 (3): 646-671.

Engerman S L, Sokoloff K L. 1997. "Factor Endowments, Institutions, and Differential Paths of Growth Among New World Economies: A View from Economic Historians of the United States." *How Latin America Fell Behind*, 260-304.

Glaeser E L, Scheinkman J, Shleifer A. 1995. "Economic Growth in a Cross-Section of Cities." *Journal of Monetary Economics*, 36 (1): 117-143.

Gorski P S. 2000. "Historicizing the Secularization Debate: Church,State, and Society in Late Medieval and Early Modern Europe, ca. 1300 to 1700." *American Sociological Review*, 65 (1): 138-167.

Gorski P S. 2003. *The Disciplinary Revolution: Calvinism and the Rise of the State in Early Modern Europe*. Chicago: University of Chicago Press.

Greif A. 1994. "Cultural Beliefs and the Organization of Society: A Historical and Theoretical Reflection on Collectivist and Individualist Societies." *Journal of Political Economy*, 102 (5): 912-950.

Greif A. 2006. "Family Structure, Institutions, and Growth: The Origins and Implications of Western Corporations." *American Economic Review*, 96 (2): 308-312.

Greif A, Rubin J. 2014. *Endogenous Political Legitimacy: The English Reformation and the Institutional Foundations of Limited Government*. In Paper was presented Rational Choice Seminar Chicago.

Guiso L, Sapienza P, Zingales L. 2016. "Long-Term Persistence." *Journal of the European Economic Association*, 14 (6): 1401-1436.

Hayek F A. 1960. *The Constitution of Liberty*. Chicago: University of Chicago Press.

Iannaccone L R. 1998. "Introduction to the Economics of Religion." *Journal of Economic Literature*, 36 (3): 1465-1495.

Ibáñez A M, Vélez C E. 2008. "Civil Conflict and Forced Migration: The Micro Determinants and Welfare Losses of Displacement in Colombia." *World Development*, 36 (4): 659-676.

Ingrao C W. 2019. *The Habsburg Monarchy, 1618-1815*. Cambridge: Cambridge University Press.

Iyigun M. 2008. "Luther and Suleyman." *The Quarterly Journal of Economics*, 123 (4): 1465-1494.

Kahl S. 2005. "The Religious Roots of Modern Poverty Policy: Catholic, Lutheran, and Reformed Protestant Traditions Compared." *European Journal of Sociology/ Archives Européennes de Sociologie/ Europäisches Archiv Für Soziologie*, 46 (1): 91-126.

Kim H, Pfaff S. 2012. "Structure and Dynamics of Religious Insurgency: Students and the Spread of the Reformation." *American Sociological Review*, 77 (2): 188-215.

Leeson P T, Russ J W. 2017. "Witch Trials." *The Economic Journal*, 128 (613): 2066-2105.

Maystadt J F, Hirvonen K, Mabiso A, et al. 2019. "Impacts of Hosting Forced Migrants in Poor Countries." *Annual Review of Resource Economics*, 11: 1, 439-459.

Nakamura E, Sigurdsson J, Steinsson J. 2016. "The Gift of Moving: Intergenerational Consequences of a Mobility Shock." (No. w22392). *National Bureau of Economic Research*.

Nexon D H. 2009. *The Struggle for Power in Early Modern Europe: Religious Conflict, Dynastic Empires, and International Change*. Princeton: Princeton University Press.

North D C. 1982. "Structure and Change in Economic History." *American Sociological Association*, 11 (6): 687-688.

North D C. 1990. "A Transaction Cost Theory of Politics." *Journal of Theoretical Politics*, 2 (4): 355-367.

Nunn N. 2008. "The Long-Term Effects of Africa's Slave Trades." *The Quarterly Journal of Economics*, 123 (1): 139-176.

Nunn N, Wantchekon L. 2011. "The Slave Trade and the Origins of Mistrust in Africa." *American Economic Review*, 101 (7): 3221-3252.

Nunziata L, Rocco L. 2018. "The Protestant Ethic and Entrepreneurship: Evidence from Religious Minorities in the Former Holy Roman Empire." *Europeam Journal of Political Economy*, 51, 27-43.

Nunziata L, Rocco L. 2016. "A Tale of Minorities: Evidence on Religious Ethics and Entrepreneurship." *Journal of Economic Growth*, 21 (2): 189-224.

Nunziata L, Rocco L. 2018. "The Protestant Ethic and Entrepreneurship: Evidence from Religious Minorities from the Former Holy Roman Empire." *European Journal of*

Political Economy, 51: 27-34.

Ostrom E. 1998. "A Behavioral Approach to the Rational Choice Theory of Collective Action: Presidential Address, American Political Science Association, 1997." *American Political Science Review*, 92 (1): 1-22.

Ozment S E. 1975. *The Reformation in the Cities: The Appeal of Protestantism to Sixteenth-Century Germany and Switzerland*. New Haven: Yale University Press.

Peters M. 2017. *Refugees and Local Agglomeration-Evidence from Germany's Post-War Population Expulsions*. Unpublished manuscript.

Pfaff S, Corcoran K E. 2012. "Piety, Power, and the Purse: Religious Economies Theory and Urban Reform in the Holy Roman Empire." *Journal for the Scientific Study of Religion*, 51 (4): 757-776.

Philpott D. 2000. The Religious Roots of Modern International Relations. *World Politics*, 52 (2): 206-245.

Porta R L, Lopez-de-Silanes F, Shleifer A, et al. 1998. "Law and Finance." *Journal of Political Economy*, 106 (6): 1113-1155.

Pullan B. 2005. "Catholics, Protestants, and the Poor in Early Modern Europe." *Journal of Interdisciplinary History*, 35 (3): 441-456.

Putnam R D, Leonardi R, Nanetti R Y. 1994. *Making Democracy Work: Civic Traditions in Modern Italy*. Princeton: Princeton University Press.

Rubin J. 2014. "Printing and Protestants: An Empirical Test of the Role of Printing in the Reformation." *Review of Economics and Statistics*, 96 (2): 270-286.

Rubin J. 2017. *Rulers, Religion, and Riches: Why the West Got Rich and the Middle East did not*. Cambridge: Cambridge University Press.

Ruiz I, Vargas-Silva C. 2013. "The Economics of Forced Migration." *The Journal of Development Studies*, 49 (6): 772-784.

Sarvimäki M, Uusitalo R, Jäntti M. 2019. "Habit Formation and the Misallocation of Labor: Evidence from Forced Migrations." Available at SSRN 3361356.

Shrestha M. 2017. *Push and Pull: A study of International Migration from Nepal*. The World Bank.

Spenkuch J L. 2011. The Protestant Ethic and Work: MicroEvidence from Contemporary Germany. SOEP papers on Multidisciplinary Panel Data Research 330, DIW Berlin, The German Socio-Economic Panel (SOEP).

Spenkuch J L, Tillmann P. 2016. Special Interests at the Ballot Box? Religion and the Electoral Success of the Nazis (March 2016). Available at SSRN: https://ssrn.com/abstract=2408863 or http://dx.doi.org/10.2139/ssrn.2408863.

Tabellini G. 2010. "Culture and Institutions: Economic Development in the Regions of Europe." *Journal of the European Economic Association*, 8 (4): 677-716.

Taylor A J P. 1976. *The Habsburg Monarchy, 1809-1918: A History of the Austrian Empire and Austria-Hungary.* Chicago: University of Chicago Press.

Torgler B, Schaltegger C. 2014. "Suicide and Religion: New Evidence on the Differences between Protestantism and Catholicism." *Journal for the Scientific Study of Religion*, 53 (2): 316-340.

Van H A, Maseland R. 2013. "Does A Protestant Work Ethic Exist? Evidence from the Well-Being Effect of Unemployment." *Journal of Economic Behavior & Organization*, 91: 1-12.

Verme P, Schuettler K. 2019. *The Impact of Forced Displacement on Host Communities: A Review of the Empirical Literature in Economics.* The World Bank.

Cultural and Social Development

Sascha O. Becker

Abstract: Culture is a kind of widespread informal institution that evolves and intertwines with other economic and political factors and with human societies. The influence of culture can last for several hundred years. Thus, economists intend to construct exogenous shocks using historical quasi-experiments to research how culture has influenced economic development and how other factors have changed culture. In his first lecture, Professor Becker showed how culture，as an informal institution, affected the accumulation of human capital and long-term economic growth. He also talked about how technological innovations such as the printing press promoted the spread of Protestantism. In his second lecture, he discussed the Habsburg bureaucracy system as an example of how formal institutions exerted long-term effects on trust and corruption. Finally, he introduced literature that viewed forced migrations as exogenous shocks and their effects on the cultures of the affected migrants.

Keywords: culture, human capital, formal institution, forced migration

中国年轻人如何看待历史

——基于哔哩哔哩弹幕的文本分析*

钱超峰　　杜德斌 ①

摘要：随着各种现代新兴媒介的兴起与成熟，公众对于历史的传播与书写越来越频繁，公众史学已经成为一个前沿热点领域。其中年轻人作为新媒体上最活跃的群体，也是历史学教育和人才培养的对象，了解年轻群体的历史认知显得尤为重要。本文收集整理全面且权威的纪录片《中国通史》在哔哩哔哩网站上的总计超 300 万字的全部 26 万条弹幕文本，利用百度 AI 平台算法对文本进行了词、句、情感方面的多方面挖掘，并基于文本挖掘结果对于历史人物相关评价进行回归分析，发现更多的实绩行为词表达会让历史人物获得更正面的评价但也会带来更多的争议。本文希望通过探索中国年轻人的历史认知，从而为当下和未来的历史学研究与教育提供启发。

关键词：公共史学；年轻群体；历史认知；弹幕；文本挖掘；数字人文

---

* 本研究受国家自然科学基金（项目号：41471108）、中国科学院战略性先导科技专项（A 类）（项目号：XDA20100311）和国家社科基金项目（项目号：17BJL023）资助。

① 钱超峰，华东师范大学全球创新与发展研究院；华东师范大学城市与区域科学学院。杜德斌，华东师范大学全球创新与发展研究院；华东师范大学城市与区域科学学院。

一、引　论

根据《现代汉语词典》定义，历史作为一个事实，主要有这样两个含义：一是指过去发生的事实；二是指记载的过去发生的事实。过去发生的事实本身无法重现，一般地只能根据记载来讨论过去的事实，而对于这些事实的记载永远只能无限地接近本来面目。

对于历史的认知和判断显然会影响如何书写过去。在过去，历史主要由专业史家和其他文化精英书写，有关于历史认知或者历史思想问题，只能局限于对于这些精英的编纂思想或者其他思想的讨论。因此，在长久以来，关于历史或历史学的讨论仅仅局限于史学思想史领域或者说是一个历史编纂思想史问题，而不是一个涉及更多普通人的社会思想史问题。①但是在当今社会，历史或者历史学早已通过现代传媒和网络终端进入普通人的生活中，任何人都能发表对于历史的看法。我们现在或者将来要讨论历史认知问题，则必须是在一个社会思想史范畴下。②

虽然在历史学与"后现代"不断缠斗的今天，历史学者似乎不再讨论宏大叙事，但是历史学本身作为"究天人之际，通古今之变"总结历史经验教训的功用而存在的事实是不可否认的。③可是，追求以史为鉴影响人们思考的同时，几乎没有人讨论过人们是怎么思考历史的或者是怎么谈论历史的，这不能不说是一个遗憾。部分心理学的前沿学者，已经开始考察社会大众对于历史的记忆与认知问题。④

众所周知，梁启超在《新史学》提到"二十四史非史也，二十四

---

① 臧知非：《史学视域中的思想史研究》，《史学月刊》2018 年第 1 期，第 9—12 页。
② 钱茂伟：《由精英而大众：历史话语权的扩大》，《学术研究》2016 年第 4 期，第 112—117 页。
③ 黄红霞、陈新：《后现代主义与公众史学的兴起》，《学术交流》2007 年第 10 期，第 19—22 页。
④ Roediger H L, Desoto K A. "Forgetting the Presidents." Science, 346.6213 (2014): 1106-1109.

姓之家谱而已"①。这是梁启超对于历史学或者历史编纂学的认识与观点，但是之所以我们会知道他的这个历史看法，不外乎他本身就属于所谓的"帝王将相"。几千年历史长河中平民百姓留下来的史观材料少之甚少，最有名的可能就是陈胜在大泽乡的豪言"王侯将相宁有种乎"。但是这也是因为他是发动陈胜吴广起义的陈胜，而不是早已湮没无闻的李胜王胜。在传统时期，普通人所知道的一点历史知识或者由此而产生的历史认识基本上来自诸如《三国演义》这样的小说平话或者戏剧。而记叙或者演绎后汉历史的种种正史、杂史、小说都会提到"人心思汉"，我们却几乎不知道历史上有哪一个市井村夫的"人心"真正在"思汉"了。②陶渊明在《桃花源记》中提到桃花源人"不知有汉，无论魏晋"，其实不难想象，即使是桃花源之外的人也最多知道当时天下是姓"司马"，要求知道晋之前是魏、魏之前是汉，恐怕是吹毛求疵了。

这主要是由于在人类有史以来的几千年的绝大部分时期中，信息传播和教育普及都处于一个较为落后和不断发展的状态。一是承载信息的媒介较为昂贵和承载量有限，这在历史时期主要是纸质书本，普通人获得图书的成本很高，留下只言片语的难度则更大③；二是即使有了书本很多人也不认识，更不用说提笔写字了，识字率作为大前提无疑在现代以前是一个很难解决的问题。④在目前最大规模的中国历史人物数据库 CBDB 中，经过多年的数据积累，收录人物数也不过三十几万。⑤虽然也有采集自家谱的大量普通人，但是信息比较丰富的基本上

---

① 梁启超：《新史学》，《新民丛报》，1902 年第 9 期，第 4 页。

② 赵毅、王彦辉：《两汉之际"人心思汉"思潮评议》，《东北师大学报（哲学社会科学版）》，1994年第 6 期，第 1—6 页。

③ ［英］汤姆·斯丹迪奇：《从莎草纸到互联网：社交媒体 2000 年》，林华译，北京：中信出版社，2015 年。

④ 傅建成：《近代中国人口文化素质略论》，《华夏文化》1995 年第 3 期，第 27—28 页。

⑤ Harvard University, Academia Sinica, Peking University. China Biographical Database, https://projects.iq.harvard.edu/cbdb, 2018. 1. 1.

都是历史上的帝王将相，很多普通人的记录字段甚至只有一个姓名。基本的身份信息况且如此，涉及历史认知与历史书写这类较高层次的文化活动，就更是无从谈起了。

即使社会大众在历史的书写与研究领域长期处于沉默的大多数地位，但是历史学作为意识形态的重要组成部分，官方或者其他精英阶层却从未轻视历史在民间的影响力。早在大众传媒刚刚起步的清末，革命党人就已经在各种渠道等宣传反清思想。[1]而时至今日，各国几乎都是牢牢把控历史领域核心问题的话语权，对于直接接触到青少年的历史教科书更是慎之又慎。[2]

今天塑造社会大众的历史认知和历史想象的也远远不止是纸质媒介，影音图像以及互联网上如同海洋一般的浩瀚信息更是在日常生活中影响人们思考历史的方式和内容。也同样是由于各种新兴的媒体形式，普通人的声音能够得到表达，任何人都可以公开地书写自己的历史思考。并且只要愿意，任何人都可以通过某种方式看到他关于历史的思考，借助于互联网，公共史学真正意义上成为可能。

公众史学兴起于 20 世纪 70 年代的美国，最近十几年来逐渐受到国内学界的重视。[3]周梁楷认为公众史学应该有自己专属的"学术与文化批评的知识体系"，认为公众史学应该包括三部分：书写大众的历史；写给大众阅读的历史；大众书写的历史。[4]前两者，历史学家长期以来或多或少地都在实践，而最后的也就是所谓公众史学的口号"人人都是自己的历史学家"。有数据表明，2013 年中国产生的数据总量超过

① 吴磊、于春洋：《辛亥革命准备时期"排满"思潮述析》，《兰台世界》2014 年第 30 期，第 33—34 页。
② 樊小玲：《教科书叙事：自我认知、世界图景与国家形象传播》，《现代传播（中国传媒大学学报）》，2018 年第 10 期，第 160—164 页。
③ 王记录、张嘉欣：《公众史学在中国：发展路径与理论建构》，《河南师范大学学报（哲学社会科学版）》2017 年第 4 期，第 122—128 页。
④ 周梁楷：《大众史学的定义和意义》，编入《人人都是史家：大众史学论集》，台中：采玉出版社，2004 年，第 27—28 页。

0.8ZB（相当于 8 亿 TB），平均每人产生的数据量超过 500GB，如果全部用汉字写出来，接近 3000 亿字，这远远超过近代以前保留下来的历史数据总量。[①]因此，虽然说每个人都在书写自己的历史，但是所谓的这些个体史上的公共书写，除了对于具体的互联网商业公司有价值以外，对于真正的历史学基本上是冗余信息。"二十四姓家谱"如果真的变成了"二十四亿日记"，恐怕到时候也是无人问津。真正有价值的其实是互联网上海量信息中个体表达的对于重大事件或者重要问题的种种思考与行为，这可能是将来的历史学家所要研究利用的。

对于历史学的研究者而言，首当其冲的或者说最感兴趣的可能就是大众是如何思考历史的，人心真的是在思汉抑或是思明思清，这不仅是对于历史研究本身而且对于历史教育甚至整个社会意识形态都是极具价值的。在社会科学的其他领域，关于社会大众的舆论观点与情绪表达已得到广泛研究与应用。例如在新闻传播领域 [②]、经济管理领域 [③]和社会学领域 [④]等其他社会科学中这类研究层出不穷。但是在历史学领域，尚且缺乏相应的研究，这对历史学科的社会影响与长期发展无疑是不利的。

随着互联网的普及和各类新媒体的兴起，不少历史学者本身也加入公众史学的实践当中。并且也有学者开始注意到要研究公众通过新媒体感知历史的方式方法，但是还需做更深入的考察。[⑤]因此，本文选择中文互联网网民的主体或者最为活跃的群体，即 12—30 岁的年轻人。

---

① 沈文海：《气象数据的"大数据应用"浅析——〈大数据时代〉思维变革的适用性探讨》，《中国信息化》2014 年第 11 期，第 20—31 页。

② 贺敬杰：《网络表达与公共讨论：基于"林松龄事件"中论坛回帖文本的情感分析》，《国际新闻界》2015 年第 9 期，第 109—132 页。

③ 李艳红、梁毓琪、郝晓玲：《上海自贸区国内外关注力分布研究——基于新闻报道和期刊文献的视角》，《中国管理科学》2014 年第 22 卷专辑，第 544—551 页。

④ 刘翠娟、刘箴、柴艳杰，等：《基于微博文本数据分析的社会群体情感可视计算方法研究》，《北京大学学报（自然科学版）》2016 年第 1 期，第 178—186 页。

⑤ 李娜：《历史与媒体：公众如何感知历史》，《学术研究》2017 年第 8 期，第 105—119 页。

通过年轻人最为集聚的社群网站哔哩哔哩收集了广受年轻人喜爱的弹幕文本,整理了一个大规模的互联网历史认知数据库,并对此进行文本挖掘,以求对当下中国年轻人如何认识历史做一管窥。

二、研究方法

哔哩哔哩(网址为 bilibili.com,俗称为"B 站")现为国内最大的年轻人社群网站,2018 年 3 月在美国纳斯达克上市。根据其 2018 年第二季度财报,哔哩哔哩月活跃用户达到 8500 万。根据极光大数据研究报告,青少年是该网站主要用户群体,哔哩哔哩 App 30 岁以下用户占比 92.8%。[①]哔哩哔哩的最大特色即为悬浮于视频上方的实时评论互动,被称为"弹幕"。弹幕让基于互联网的即时评论能够超越时空限制,构建出一种奇妙的共时性的关系,形成一种虚拟的互动氛围,深受广大年轻人喜爱,这也是哔哩哔哩作为新兴网站数年内迅速崛起的主要原因。弹幕作为年轻人特有的评论方式,活跃率极高,一个视频的弹幕数甚至是其普通评论数的十倍以上。

虽然哔哩哔哩弹幕还只是最近几年来的新生事物,但是弹幕的互动属性及其背后的使用群体结构已经让它成为研究当代中国年轻人的重要信息来源,备受包括政府和学界在内的社会各方面的关注。陆子昕分析了中国共青团官方账号在 B 站的互动情况,探讨政府机构如何利用新媒体塑造主流价值观。[②]曹曦冉从电视剧弹幕分析承载主流意识形态的电视剧,如《人民的名义》如何在青年群体中传递核心价值

---

① 极光大数据:《2017 年 7 月哔哩哔哩 app 研究报告》,https://www.jiguang.cn/reports/106c,2017-10-15.
② 陆子昕:《新媒体在政府机构中的有效应用——以共青团中央对哔哩哔哩弹幕网站的应用为例》,《新媒体研究》2017 年第 9 期,第 59—60 页。

观和正能量。[1]而在 B 站，传统文化也是深受广大年轻用户喜爱的重要元素，张斌和马梦迪通过弹幕挖掘《我在故宫修文物》的文本再生产现象。[2]

弹幕文本本身由于其年轻化和网络化的特点，相较于其他文本有着独特的属性，也在文本分析领域备受关注。李茹新基于语言学的研究视角，从视频弹幕的主要类型、言语特征、语义特征、语用功能方面对视频弹幕进行分析研究。[3]何明对在线视频弹幕文本挖掘做了系统的探索，根据弹幕数据的新特性进行了系统分析与量化建模。Wu 等通过结合弹幕用户和视频分段的相似性，根据 LDA 主题模型的关键字抽取来为视频分段生成文字标记。[4]陈浩然和庞华则根据情感分析算法，根据弹幕文本实现了对于视频要素的分析。弹幕研究主要集中在分词、词频、情感分析等方面，本文也将继续沿用前述有关技术方法对弹幕文本进行挖掘。

由于视频弹幕的非线性、多样性、口语话和夸张化的特征[5]，传统文本分析使用的自然语言处理算法均不太实用。以最为基础的分词为例，jieba 等分词器就很难适应日新月异的中文网络语言环境。而百度作为世界领先、中国最大的搜索引擎网站，在近 20 年的发展中积累了丰富的中文用户网络语言习惯，其相应的数据算法具有业界领先的地位。因此本文基于百度 AI 平台开放的若干自然语言处理算法进行文本分析与挖掘工作。

---

① 曹曦冉：《从弹幕现象谈电视剧对青年群体主流价值观的建构——以热播剧〈人民的名义〉为例》，《新闻世界》2017 年第 6 期，第 93—96 页。

② 张斌、马梦迪：《当传统撞上二次元——〈我在故宫修文物〉的文本再生产》，《电视研究》2018 年第 7 期，第 61—63 页。

③ 李茹欣：《视频弹幕的语言学研究》，陕西师范大学硕士学位论文，2018 年。

④ Wu B, Zhong E, Tan B, et al. *Crowdsourced Time-Sync Video Tagging Using Temporal and Personalized Topic Modeling*. International Conference on Knowledge Discovery and Data Mining, 2014: 721-730.

⑤ 李思颖：《弹幕语言特点和表达意义》，西华师范大学硕士学位论文，2017 年。

三、数据来源与概况

《中国通史》是由电影频道节目中心制作出品，中国社会科学院监制，中国社会科学院历史研究所组织撰稿，并邀请国内多家重点大学、专业机构的研究人员共同参与创作的百集大型纪录片。该片涵盖时间从上古到辛亥革命，是目前制作规模最大、质量最为上乘的权威性历史类视频节目。《中国通史》纪录片以丰富的视听手段再现了中华文明自起源到 20 世纪初期的浩瀚历史图景，较全面地讲述了中国古代历史发生、发展过程，解释了历史发展的趋势和规律。[①]在为此召开的专门研讨会上，与会专家如卜宪群、李凭等都对该片的质量表示认可。[②]任何言论和观点都基于一定的信息摄入而产生，选择这样一部权威又全面的纪录片来考察其信息反馈，可以尽可能地避免信息偏差问题。

《中国通史》在互联网年轻人中间也广受好评，影响广泛。截至 2018 年 12 月 20 日，其目前在哔哩哔哩上历史类视频位列综合排序第一、点击数第一、播放量第一、弹幕量第一、收藏数第一，总播放数超过 851 万，收藏数 33 万，弹幕数近 30 万。通过互联网爬虫技术，笔者获取了哔哩哔哩网站上《中国通史》的全部弹幕文本，爬取日期为 2018 年 11 月 16 日。因为中文编码和弹幕系统自身的原因，部分弹幕数据出现乱码和空白，经过清洗后总计有效弹幕数为 26.4 万条，由 27 889 个独立用户发表，总字符数近 315 万，平均每用户发表言论 113 字符。在历史认知心理学的研究中，往往只有几百个普通人样本 [③]，与之相较，

---

① 根据央视网相关介绍，见 http://tv.cntv.cn/videoset/VSET100171201187/，访问时间 2018 年 10 月 1 日。

② 根据 M1905 电影网（电影频道官方网站）报道，《电影频道办〈中国通史〉研讨会普及历史获好评》，见 http://www.1905.com/news/20130116/609302.shtml，2013 年 1 月 16 日。

③ Roediger H L, Desoto K A. "Recognizing the Presidents: Was Alexander Hamilton President?" Psychological Science, 2016: 0956797616631113.

可以说，《中国通史》弹幕数据集应该是目前历史领域规模最大的公众评论数据集，信息量足够大，并且代表性、广泛性也有相应保证，是一个理想的文本分析对象。

《中国通史》总共 100 集，通过对于标题和内容的简单分析，确定每一集所讲主题的朝代和世纪分布（如果涉及多个朝代或者世纪的，则标注其中最主要的一个）。为了进一步分析的需要，还通过检索 CBDB 等人物传记资料，标注了弹幕中出现频率最高的 100 个人物的主要信息。

四、词

在文本分析中，词是最为基本的单元。谷歌公司研究者就以数百年来书籍中各种词频的演变来分析若干人文现象的历史趋势。[①]在本文中笔者也将沿用类似方法，通过百度 AI 算法对词进行分析。

百度 AI 的词法分析模块可以实现分词、词性标注、命名实体识别三大功能，能够识别出文本中的基本词汇（分词），并对这些词汇进行重组、标注组合后词汇的词性，然后进一步识别出命名实体。由于算法与数据积累的优势，百度词法分析的算法效果大幅领先其他公开的主流中文词法分析模型。通过百度词法分析算法，笔者对 26 万条弹幕文本做了一一的分词和词性标注，并识别出命名实体。在剔除常见的中文停用词后，所有弹幕文本分词去重汇总后总数达 8.5 万个词，总频次约 88.2 万次。

对于历史学或者历史学所描写的历史而言，最重要的三要素即是

---

① ［美］埃雷兹·艾登、［法］让-巴蒂斯特·米歇尔：《可视化未来：数据透视下的人文大趋势》，王彤彤、沈华伟、程学旗译，杭州：浙江人民出版社，2015 年。

时间、地点、人物，这正好是命名实体识别中的三大类型：TIME、LOC、PER。统计出现频次数前 15 的时间、地点、人物名词如表 1 所示。

表 1　高频实体名词表　　　　　　　　单位：次

高频词	频次	类型	高频词	频次	类型	高频词	频次	类型
明朝	1889	TIME	中国	6123	LOC	刘邦	1056	PER
清朝	1485	TIME	日本	1538	LOC	孔子	929	PER
宋朝	1331	TIME	蒙古	946	LOC	项羽	795	PER
唐朝	861	TIME	美国	592	LOC	朱元璋	619	PER
汉朝	454	TIME	台湾	485	LOC	曹操	588	PER
近代	307	TIME	韩国	482	LOC	秦始皇	576	PER
几千年	210	TIME	中原	478	LOC	汉武帝	567	PER
千年	181	TIME	欧洲	474	LOC	崇祯	550	PER
秦朝	151	TIME	北京	465	LOC	杨广	542	PER
东汉	148	TIME	辽	462	LOC	李世民	514	PER
几百年	142	TIME	秦国	452	LOC	武则天	451	PER
一年	130	TIME	河南	444	LOC	王莽	434	PER
百年	119	TIME	洛阳	368	LOC	商鞅	411	PER
西汉	118	TIME	大唐	366	LOC	周公	375	PER
几十年	117	TIME	三国	351	LOC	乾隆	341	PER

　　这些高频词汇共同搭建起中国历史的时空舞台，从中也能挖掘出年轻人认识历史的不少脉络与线索。首先从时间上来看，明朝是所有朝代中被提到最多的，清、宋其次，而最为公认强盛的汉唐二朝相对而言被提及较少。此外，类似"几千年""千年""几百年"等长跨度时间名词也不断被提到，一方面显示出中国历史的绵延不断；另一方面也可以反映青年网友在历史认识上的宏观视野。而从地点名词上看，高频词中识别出来的类型很广泛，有一般地理单元的地名，也有以国家或者政权名作为地名的。从空间上看，在历史讨论的范畴下，青年人的视野也很广泛，虽然主题是中国古代史，但是像日本、美国、韩国，以及欧洲等国家也多有提到，甚至比中原、北京、河南、洛阳等词频度更高。另外值得注意的是，虽然中国台湾地区地理位置远离中央政权所在地但是依然是高频词汇之一。在人名类别中，亮点并不是太多，基本上以帝王将相为主，其他领域只有孔子作为高频词出现。

分词中标注了词性为 nz（作品名）的名词，本文选取了频次最高的前十个作品名进行统计，如图 1 所示。在各类作品中提到最多的是各种演义小说或者传奇等，如《三国演义》《封神榜》《西游记》。不过，像《资治通鉴》《尚书》《竹书纪年》等专业史书或者典籍也被频频提到。具体而言，三国主题的书籍作品还是讨论最为热烈的，如排名第一的《三国演义》《三国志》。

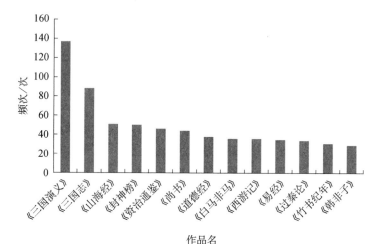

图 1　高频作品名词统计图

主题河流图是可视化分析历史各类主体演化的常见方法，早在 18世纪就已经开始运用。①《中国通史》数据集中每一集都有具体时间（世纪）的标注，因此可以通过词在不同集中的词频占该时期总频次的比例，也就是相对词频，来分析在具体的各个时代的历史语境下什么被提及，而什么又被忽略。同样本文选取了若干时间、地点、人物的重点词汇进行可视化的分析。每一个词都进行了同义词的合并，如镐、镐京、长安都被合并修改为西安。

---

① Sheps A. *Joseph Priestley's Time Charts: The Use and Teaching of History by Rational Dissent in late Eighteenth-Century England*. Lumen: Selected Proceedings from the Canadian Society for Eighteenth-Century Studies. Available from Érudit. (1999) 18: 135-154. doi: 10.7202/1012372a.

几个主要朝代的相对词频演化如图 2 所示，横坐标为时间的演化（因为数据格式限制，以 8：00 为公元元年，每相差 1 分钟即为相差 100 年的方式显示），纵向为相对词频。可见，在《中国通史》弹幕语境下，图中这几个朝代名在真正登场（约公元前 3 世纪）之前都曾少量被提到，呈现出一个涓涓细流的状态。此后朝代名在各自的历史时期都被广泛提及，相对地成为时间名词中的主导词存在，汉、唐、宋、元基本如此。而明清被提及的情况则比较特殊，从时间上分布的更为靠前。在《中国通史》纪录片还在讲唐的时候，明就开始出现，而清朝被经常讨论到的时间点也被提前到元代。这可以看出，明朝和清朝是经常被与之前的王朝进行比较的，明朝主要是出现在之前的汉人王朝唐宋，而清在元朝、明朝的相关讨论中也频繁出现。

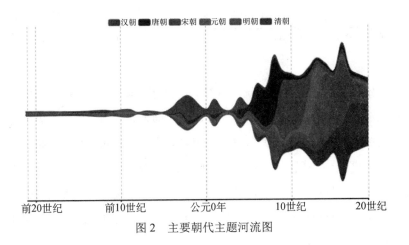

图 2　主要朝代主题河流图

中国五大古都的相对词频演化如图 3 所示。虽然经过了同义词的合并，但是从中国古代史的前中期（大致是公元 1000 年之前）来看，洛阳在历史讨论中的地位远远压过了西安（长安），特别是在周代。而西安占主导的情况只限于汉、唐，甚至在这两个西安作为首都的主要朝代，洛阳由于也有次要都城或者直接就是新都城的地位，而拥有相当高的讨论频率。开封的话，主要是在宋朝，相对频率较高。而南京和北京在中国古代史的后期，则由于各自成了南北方的政治文化中心，长期占据了主导词的地位。从词频占比的演化亦能看出中国各大古都的相对地位的上升与下降。

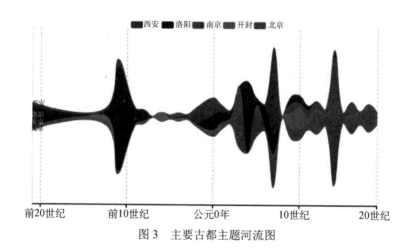

图 3 主要古都主题河流图

中国五大君主（此处选择标准为毛泽东《沁园春·雪》）的相对词频演化如图 4 所示，人名同样经过同义词合并处理。从在历史讨论的被提及比例看，五位著名君主的相对地位差距悬殊。秦始皇和汉武帝作为塑造中华民族的两大奠基性君主，在年轻人的认知中地位极高，基本上贯通古代史议题的始终，特别是秦始皇。而唐太宗、成吉思汗则只在自己所处朝代、时代较多被提到。宋太祖是最为被忽视的存在，在主题河流中甚至看不到代表其的支流。这其实也是一种历史地位的反映，秦皇汉武对整个中国历史都有影响，而唐太宗和成吉思汗则是对某个具体朝代，宋太祖甚至对于宋朝都不是作为讨论中心的存在。

最后，历史学或者历史发展本身的几个重点领域的相对词频演化如图 5 所示。比较令人震惊的是，传统观点一致认为历史主要是政治史，人们讨论历史也主要是讨论政治。但是从几个领域被提及比率的演化可见，文化反而是最高的，而且不仅是在缺乏确切史事记载的上古先秦时期，还是在社会发展越来越发展的近古时期，文化一直是占主导地位。其次是一般被认为是热议话题的政治与军事。科技的话，在先秦上古时期较多次被提到，其次就是宋元以来。先秦上古时期可能在讨论中国的先民智慧，而近古时期则更可能是在讨论中国科技是怎样一步步停滞与落后的。环境在各个时代的讨论中都较少被提到。

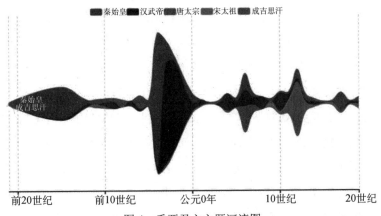

图 4　重要君主主题河流图

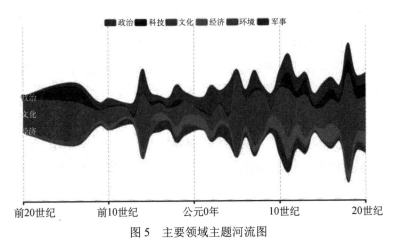

图 5　主要领域主题河流图

五、句

　词与词通过语法关系组成了句子，每一条弹幕也都是或简单或复杂的一句话。而通过对于句子中词与其组织结构的分析，可以判断句子的情感倾向，正面的或者是负面的。在对于弹幕作为一个句子的文本分析中，也将运用到句法分析和情感分析两大方法。

　句法分析是自然语言处理的关键技术之一，句法分析的任务是自动分析出句子的语法结构及语法关系，将一个线性序列的句子转换成一个结构化的语法树。根据不同的语法体系，分析结果表现为不同的形式。本文使用的百度句法分析是建立在依存语法的语法体系基础之上的。基于百度 AI 算法，基于中文依存文法，确定句子中词之间的依存关系，然后利用句子中词与词之间的依存关系来表示词语的句法结构信息（如主谓、动宾、定中等结构关系）。

　通过依存关系可以组建词的语法网络，分析词的语境与搭配等，对于探析弹幕文本中针对具体实体的历史认知非常重要。同样地，本文将依存句法分析运用到历史事实三要素的若干重要词汇中。因为地点在句子中被提及时，与其他词的搭配非常广泛且零散，很难进行系统分析，所以这里只对前面提到的表达六个重要朝代和五个重要君主的词汇进行语法网上的解析。

　与朝代名词组成的频次最高的十个词组搭配如表 2 所示。一个朝代是怎样灭亡的似乎是提及朝代的弹幕文本中被讨论最多的，基本上每一个朝代的前三搭配都有与灭亡相关词汇。明清尤甚，前十大搭配竟然有三个是与灭亡相关的。只有汉朝的灭亡不大为人所关联，在搭配排名中仅仅排名第六。其次一个主题是皇帝，每个朝代名和皇帝的搭配都在前十之列，且宋、明、清三朝排名尤为突出，宋朝讨论最多的就是皇帝。在其他方面，版图、和亲是汉朝相关讨论的特色，盛世在汉唐多被提及，科技和经济只有在宋朝的前十个搭配中出现，元朝排名最高的是"修"，应该是修大运河之意，而海禁、闭关锁国则在明清的语法组合中非常显眼。

表 2　朝代词高频语法搭配表

汉朝	唐朝	宋朝	元朝	明朝	清朝
唐朝，汉朝	唐朝，灭亡	宋朝，皇帝	元朝，修	明朝，灭亡	清朝，亡
汉朝，版图	唐朝，时期	宋朝，灭亡	元朝，时	明朝，皇帝	清朝，皇帝
汉朝，时	唐朝，讲	宋朝，重文	元朝，灭亡	明朝，亡	清朝，说
汉朝，皇帝	唐朝，捡	宋朝，怂	元朝，汉人	明朝，历史	清朝，闭关锁国
汉朝，历史	唐朝，建筑	宋朝，喜欢	元朝，皇帝	明朝，签订	清朝，灭
汉朝，亡	唐朝，时	宋朝，军事	元朝，算	明朝，海禁	明朝，清朝
汉朝，赐	唐朝，皇帝	宋朝，经济	元朝，说	明朝，灭	清朝，灭亡
汉朝，和亲	唐朝，盛世	宋朝，科技	元朝，时期	明朝，后期	清朝，明朝
明朝，汉朝	唐朝，汉朝	宋朝，发明	清朝，元朝	明朝，时	清朝，垃圾
汉朝，才是	唐朝，喜欢	宋朝，历史	元朝，统一	明朝，官员	清朝，后期

历代名君频次最高的十个词组搭配如表 3 所示。由于与宋太祖相关讨论实在太少，仅列出前四大搭配。可以发现，除了宋太祖和秦始皇本身之外，每个君主的最高搭配词竟然都是秦始皇。而秦始皇的最热门搭配也都是与其他君主的比较，这就解释了前文中所述的与秦始皇相关的讨论贯穿中国史始终的现象。秦始皇的统一、改革、用人和立储等，都是中国古代君主中具有代表性的存在，从热门搭配词"统一""千古一帝"来看，他的功业也基本上为青年人所认可。汉武帝的话，主要是一些主谓结构的动词搭配，如"喜欢""学""搞""做"等，可见基本上相关讨论也是以事迹为主。唐太宗也类似，不过唐太宗更加主观性一些的动词搭配更多一些，如"支持""答应"等，这应该与他的从谏如流和对外交往有关，另外唐太宗还经常与他的子孙高宗、玄宗等相提并论。宋太祖讨论太少，略过不提。而成吉思汗，观察他

的词组搭配，可以说基本上他一生就干了三件事，出生、打仗、死亡，一个军事雄主的印象在相关讨论中被深刻塑造。

表3　主要君主高频语法搭配表

秦始皇	汉武帝	唐太宗	宋太祖	成吉思汗
汉武帝，秦始皇	汉武帝，秦始皇	唐太宗，秦始皇	宋太祖，偏爱	成吉思汗，秦始皇
隋炀帝，秦始皇	汉武帝，时期	唐太宗，杀	宋太祖，评价	成吉思汗，死
唐太宗，秦始皇	汉武帝，上线	唐太宗，支持	宋太祖，说	成吉思汗，上线
成吉思汗，秦始皇	汉武帝，喜欢	唐太宗，忍	宋太祖，身上	成吉思汗，陵
毛主席，秦始皇	汉武帝，学	唐太宗，答应	以下暂缺	成吉思汗，挂
秦始皇，统一	汉武帝，时	唐太宗，喜欢		成吉思汗，出生
千古一帝，秦始皇	汉武帝，搞	唐太宗，说		成吉思汗，打仗
秦始皇，死	汉武帝，打下	千古一帝，唐太宗		成吉思汗，成
秦始皇，逼	汉武帝，做	唐太宗，李隆基		成吉思汗，强
秦始皇，上线	汉武帝，败	唐高宗，唐太宗		成吉思汗，死于

六、情　感

前文中关于弹幕的解析主要是基于词和词的搭配，本文通过词汇的具体情况进行描述性的解读和分析，以求对于其背后反映的历史认知进行探究。而历史认知的核心问题是历史评价问题，对于某一个具体事物而言是正面的还是负面的评价，其实是可以通过情感倾向分析定量地考察出来。情感倾向分析被广泛运用于各类文本挖掘当中，帮助研究者理解文本中反映的热点话题以及舆情状态，为决策提供有力支持。

通过大量中文数据的积累与训练，百度 AI 的情感分析可以针对带有主观描述的中文文本，判断该文本的情感极性类别并给出相应的置信度。情感极性分为消极、中性、积极，在数字上表达即为 0、1、2，除此之外还有判断为正面情感的概率和负面情感的概率的计算结果。

而历史事物本身作为一个专有名词，是没有情感表示的，任何正面或者负面的情感都是在一定句子中进行表达的。因此，计算提到各个专有名词的判定为正面情绪的概率的平均值及其标准差，可以看作是对于这个具体事物的正面提及率和争议度。根据计算结果进行汇总统计，并结合其他客观数据，即可对年轻人对于历史事物的情感倾向做一探索。

如图 6 和图 7 即为几个重要朝代和君主的正面提及率（图中所示的平均值）和争议度（图中所示的标准差）。因为涉及具体历史人物和朝代的评价问题，太过于宏大与复杂，远非本文所能讨论，因此仅作可视化呈现，不进一步讨论。

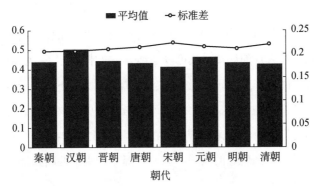

图 6　若干重要朝代的情感分析结果

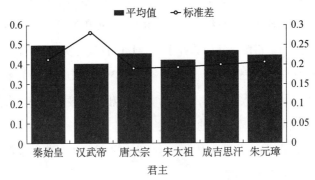

图 7　若干君主的情感分析结果

但是，什么会影响一个历史事物的评价是可以被讨论的，这也正是前文中所有文本分析试图去探索的。不过具体历史朝代所囊括的事物更加复杂，数据难以获取，下文中进一步影响因素的分析只考虑历史人物方面。作为一个历史人物，与历史的定义类似，其存在是两重的，一是历史上其本人的客观存在，或者说真实地做了什么；二是作为历史编纂中的存在，其在历史文本中被书写的存在，或者说被记得做了什么。在过去，历史人物的历史书写，往往是由专业历史学者或者其他精英士绅来承担，对于历史人物的评价因而也受他们影响，但是在当代，随着越来越多公众的参与，历史人物的形象与评价会越来越收到公众历史书写的影响。[1]弹幕文本自然也是其中一种。

因此，在公众史学的背景和弹幕文本的语境下，历史人物的评价即是由弹幕的作者认为历史人物做了什么或者没有做什么而决定，而了解这些普通大众的认知，就可以通过弹幕文本来进行。与 Muller 等最近通过新闻文本聚类研究国家状态的方法类似[2]，下文将通过分析提及历史人物的相关弹幕文本，来进一步考察历史人物的什么行为会影响弹幕作者们对他们的评价。不过由于弹幕短文本的特点，在 LDA 主题聚类上难以达到理想的效果，因而选择更为直接的高频搭配词作为分类或者分析工具。

本文在《中国通史》数据集中选取了被提到频次最高的前 100 个人物作为研究样本，汇总统计句法分析中 SBV 和 VOB（主谓结构和动宾结构）的词组搭配，从中选择了最为热门且具有实际意义的 14 个谓语，计算这些谓语在前 100 人物中各自 SBV 和 VOB 语法关系中的比例，从而得到历史人物在这 14 个行为上的相对强度。另外，本文还通过检索 CBDB 数据库和其他辞典类工具书，标注了每个人物的性别、生活年代（世纪）、是否为君主、是否为汉族等属性。该样本数据集的描述性统计如表 4 所示。

---

① 左玉河：《书写公众的历史与公众书写的历史》，《中国史研究动态》2016 年第 3 期，第 50—54 页。

② Mueller H, Rauh C. "Reading Between the Lines: Prediction of Political Violence Using Newspaper Text ." *American Political Science Review*, 2017: 1-18.

表4 变量描述性统计结果

变量名	样本数	均值	标准差	最小值	最大值
生活世纪	100	5.05	9.53 926	−30	19
是否汉族	100	0.9	0.301 511	0	1
是否君主	100	0.51	0.502 418	0	1
是否男性	100	0.94	0.238 683	0	1
平均正面提及率	100	0.45 752	0.040 064	0.388 095	0.618 278
争议度	100	0.196 883	0.025 678	0.030 922	0.260 542
做	100	0.079 893	0.140 523	0	0.666 667
写	100	0.045 97	0.132 928	0	0.888 889
吃	100	0.030 792	0.088 574	0	0.5
喜欢	100	0.119 539	0.200 547	0	1
姓	100	0.032 872	0.107 364	0	0.6
学	100	0.043 079	0.128 916	0	1
封	100	0.021 169	0.074 359	0	0.4
帅	100	0.030 165	0.123 279	0	1
想	100	0.078 405	0.173 461	0	1
成	100	0.023 472	0.069 149	0	0.5
杀	100	0.154 553	0.223 522	0	0.857 143
死	100	0.179 526	0.278 102	0	1
灭	100	0.044 659	0.120 801	0	0.75
逼	100	0.035 907	0.074 977	0	0.4

　　以全部的搭配词和其他属性数据对正面提及率和争议度分别做回归，结果如表5所示。由于篇幅限制，将部分没有显著性意义的搭配词回归结果从略。

表5 回归结果

项目	(1) 正面提及率	(2) 正面提及率	(3) 正面提及率	(4) 正面提及率	(5) 争议度	(6) 争议度	(7) 争议度	(8) 争议度
"做"	0.0349	0.0548*	−0.00683	0.0518*	0.0389	0.0104	0.0482*	0.0264
	(1.01)	(2.46)	(−0.20)	(2.40)	(1.76)	(0.86)	(2.17)	(1.68)
"逼"	−0.012	0.135*	−0.0392	0.130*	0.0387	0.0220	0.0352	0.0642
	(−0.29)	(2.63)	(−0.88)	(2.51)	(1.19)	(0.80)	(0.73)	(1.41)

项目	（1）正面提及率	（2）正面提及率	（3）正面提及率	（4）正面提及率	（5）争议度	（6）争议度	（7）争议度	（8）争议度
控制其他变量			是	是			是	是
常数项	0.468***	0.433***	0.485***	0.436***	0.190***	0.199***	0.428*	0.294***
	(50.20)	(47.62)	(16.63)	(21.15)	(233.39)	(34.08)	(2.40)	(4.16)
样本数	50	100	50	100	50	100	50	100

注：括号中为 p 值

$* p < 0.05$；$** p < 0.01$；$*** p < 0.001$

回归中所有结果均使用稳健标准误测算。模型1—4的因变量为平均正面提及率（平均值），模型5—8的因变量为争议度（标准差）。为了检验模型的稳健性，在模型1、3、5、7中选用小样本（前50）进行回归，模型3、4、7、8控制来其他变量进行回归。

从回归结果中可见，是否为君主、是否为男性、是否为汉族、生活年代等都没有对历史人物的评价及其争议产生显著的影响。而从行为词上看，大多数基本行为词都没有对历史人物的正面提及率和争议度产生显著影响，除了"做"和"逼"之外。在较为全面的样本中，这两个词的出现比率越高，一个历史人物越容易得到更正面的提及，并且这一结果在加入其他变量后依然成立，且作用甚至更为明显。"做"和"逼"都体现的是一个人物的实际作为，甚至是强迫性的作为，它们的回归系数显著为正，显示出作为弹幕作者的中国年轻人对于人物的实质性的和挑战性的行动的认可。平均而言，一个历史人物每多进行一个标准差的挑战性行动，他获得正面提及的概率将会提高0.24个标准差。除此以外，在前50样本的对争议度做回归结果显示，更高频的"做"也会让人物更具有争议。平均而言，一个历史人物每多"做"一个实质性行动，他的争议度也将会提高0.26个标准差。

七、结　论

当我们谈论历史时，我们在谈论什么？这可以说是历史学领域一个几乎无人讨论却又是处处讨论的问题。然而，人们对于历史的看法，或者说历史认知，在长久以来是一个被忽视或者说难以讨论的存在，研究局限于部分专业学者和精英。历史学者追求以史为鉴影响社会的同时，首先就应该了解人们到底是如何思考历史的。在公众史学蓬勃发展的年代，随着各种现代新兴媒介的兴起与成熟，公众对于历史的传播与书写越来越频繁，了解历史的公众认知也显得尤为必要。①

在所有新媒体中，视频媒体是当下信息量最大和传播最为广泛的媒介之一。本文选择了国家权威媒体和权威学术机构合作的大型历史纪录片《中国通史》，通过收集由此产生的所有视频弹幕文本，对当下中国年轻人如何看待和谈论历史做了可视化的呈现与解析。通过词频分析、句法分析、情感分析等，对于文本中最常被提到的时间、地方、人物等要素专业名词做了分析。研究发现，中国年轻人在历史认知方面有着广阔的国际国内视野，并且热衷在文化、经济、政治等多领域的讨论，特别是文化部分尤为看重。而对于不同朝代和人物，在互联网年轻群体的讨论中，有着浓厚的比较思维影响，不同事物经常会跨越时空而进行对话。最后，通过词和句的分析，若干行为变量的统计和争议，基于情感倾向分析计算结果，尝试对影响历史人物评价的因素进行探索，回归结果发现在当下年轻人的思维中，有着明显的知易行难烙印：一个人物有更多的实绩特别是那种艰难的事业成果，他将会得到更多的正面提及，但是随之而来的也将有更多的争议。

---

① 周兵：《历史学与新媒体：数字史学刍议》，《甘肃社会科学》2013年第5期，第63—67页。

通过对于弹幕文本的剖析，不难发现中国年轻人对于现在或者未来的历史学者已经提出了很多要求。年轻群体在历史领域的讨论应该受到专业学者的重视，公众在呼吁更多的比较史学、文化史和王朝兴衰方面的研究。在公众史学越来越重要的今天，历史学者必须思考这些问题，回应有关问题与争议，才能更好地体现专业学术的价值，影响或者引领社会历史思潮。

How Do Chinese Young People Think About History? Text Mining Based on Bilibili Danmu

Chaofeng Qian and Debin Du

Abstract: With the rise of various modern emerging media and the development of computer technology, the field of history has been a part of the digital humanistic paradigm in academic research. For a long time, the public's cognition and expression in the historical field has been neglected. In this digital age, a large amount of rich media information offers researchers the ability to study the historical cognition of the public, especially young people. This article collects and organizes all the 260 000 Bilibili Danmu texts of the most comprehensive and authoritative document, "Chinese General History", with total of over 3 million words. Using the Baidu AI platform algorithm to examine words, sentences and emotions in the text, multifaceted mining, and regression analysis was performed based on text mining results of historical figure evaluations. The results show that using more aggressive langage will help historical figures receive a more positive evaluation but will also generate more controversy. This paper hopes to provide inspiration for historical research and education, both now and in the future by exploring the historical cognition of Chinese young people.

keywords: public history, the youth, historical cognition, Bilibili Danmu, text mining, digital humanities

量化历史研究推文选录（二）

按语："量化历史研究"公众号由陈志武（香港大学冯氏基金讲席教授、耶鲁大学金融学终身教授）和龙登高（清华大学教授）及其团队——林展（中国人民大学）、熊金武（中国政法大学）、何石军（西南财经大学）、黄英伟（中国社会科学院）、彭雪梅（清华大学）等人负责。向学界和业界朋友，定期推送量化历史研究经典、前沿文献。此公众号同时作为"量化历史讲习班"信息交流平台，亦及时发送讲习班的最新信息和进展。现本辑刊继续选录几篇介绍往届量化历史讲习班部分授课老师相关研究的推文如下，以飨读者。

高等教育：欧洲宗教世俗化背后的推手 [①]

在 19 世纪至 20 世纪初的欧洲人日常生活中，宗教的影响力逐渐降低，此过程被学者称为宗教世俗化。传统的理论认为，教育与经济发展是推动当时宗教世俗化的两个重要因素，但验证这些理论假说的实证研究目前较为少见。Becker、Nagler 和 Woessmann 采用德国柏林新

[①] 本文为"量化历史研究"公众号第 196 篇微信推文。推文作者为西北农林科技大学经济管理学院刘莹。

教教堂委员会公开的一份新教教徒调查数据，以德国19世纪末至20世纪初的新教世俗化为例，实证研究了教育与宗教世俗化的因果关系。

首先，本文指出，不是基础教育，而是高等教育瓦解了人们的宗教信仰。19世纪末，德国各联邦境内的初等教育普及率已经很高。例如，在1880年的普鲁士王国境内，6—14岁儿童的入学率达100%。但是，这些简单的识字算数知识，并不能动摇当时人们对超自然力量的信仰。在那些脱离了教会控制的大学校园里，挑战宗教信仰的批判性思考和科学知识在大学生的聊天、辩论和演说中不断出现，新思想和新知识的冲击很快波及更广阔的社会人群，形成更深远的围绕宗教议题的社会争论。可见，更高等的教育，才是打开人们精神枷锁的那把钥匙。

其次，本文使用历史数据实证了高等教育与宗教世俗化的因果关系。在数据方面，本文使用了宗教活动数据和城市高等教育数据。德国柏林新教教堂委员会的统计中心办公室，1880—1930年在全国范围内逐年收集新教教堂对所辖郊区内教徒参与宗教活动的数据。这份独一无二的数据提供了每年参加领圣餐仪式的新教徒人数、教堂需要清点仪式发放的圣饼数量，所以确保了本文所用数据的可信度。将德国城市统计年鉴中提供1880—1930年高等教育数据的城市与教会数据中的教堂所在教区匹配，得到本文两类数据的所在地区分布（图1）。

图1　1890—1930年61个人口规模在5万以上的
德国城市分布示意图（以当代德国地图标注）

实证方面，本文先从静态角度检验了高等教育与宗教活动变化的关系。以 1900 年这一年的数据为例，考察大学注册学生数占所在城市人口数的比重，与参加教堂圣餐仪式的新教徒人数占该教堂所在辖区新教徒人数的比重关系。结果发现，随着大学入学人数的增加，当地新教徒的宗教活动参与程度会增加（图 2）。本文的结果与之前其他采用横截面数据的实证文献的结果一致。作者的解释是，德国有不少保守型城市，人们具有重视接受教育和参与宗教的良好传统，即送孩子上大学多的地区，参加宗教活动的教徒也比较多；反之，较开放的城市，居民重视教育的程度低，同时参与教会的活动也少。在单独的年份里，就会呈现出图 2 所显示的正向关系。

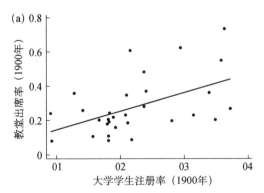

图 2　1900 年德国大学教育与新教徒宗教活动关系图

本文进一步利用追踪数据的优点，从动态角度考察高等教育与宗教活动的关系。通过将时间和地区单独作为控制变量列出，一方面将不同年份的历史事件冲击（如战争）对人们参与宗教活动的影响剔除；另一方面区分每个城市看不到的各自特有的社会文化因素对人们参与宗教活动的影响，从而将高等教育对宗教的影响辨识出来。通过将各城市所经历 1890—1930 年世俗化的变迁差异加以区分，克服了静态的截面数据的不足。

一旦动态地观察，就验证了学者的理论假设，并得到本文最为重要的实证结论：高等教育的增加会降低信徒的教堂出席率（图 3）。同时，本文的数据不支持反向因果关系，即不去教堂的民众并不会自然接受大学教育，进而使文章的实证结论更有说服力。

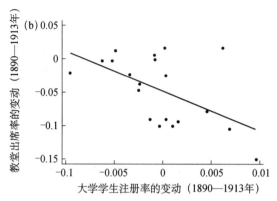

图 3　1890—1913 年德国大学教育与新教徒宗教活动关系图

在此基础上，本文探讨了高等教育推动世俗化的机制。大学是转变思考方式和获取科学知识的场所，那么是思考，还是知识动摇了民众的宗教信仰？当时德国三类大学中，有偏重人文学科的传统大学，有偏重应用语言的外语大学，还有偏重自然科学的理工大学。将它们的入学率与教堂出席率分别考察后，结果显示，传播自然科学的大学对教徒参与宗教活动的影响与人文学科的大学并无明显差别。尽管验证结果的显著性限制了解释的力度，但是却明确了科学知识本身并不是导致新教徒信仰瓦解的利器，恐怕是大学里共同倡导的批判性思考在年轻人身上播下了日后生根发芽的自由信仰之种。

最后，经典的理论假设一般认为，经济发展是影响宗教世俗化的另一支重要力量。因此，本文还从收入和城市化程度两个维度测量了当时德国的城市经济发展水平，与高等教育一起，考察它们与宗教之间的因果关系。结果显示，在当时的德国历史背景下，就经济因素而言，用高等教育来代表现代化去解释不断减少的新教徒教堂的出席率会更有说服力。

回溯欧洲历史上宗教世俗化背后的驱动力一直是学术争论的热点，本文给予了理论假设的实证检验。作者采用了非常难得的教会调查数据,追踪到 1890—1930 年的德国新教徒的宗教活动参与行为,进而回答了一个重要问题:教育在推动宗教世俗化进程中扮演何等重要程度的角色。

文章来源:

Becker S O, Nagler M, Woessmann L. 2017. "Education and religious participation: city-level evidence from Germany's period 1890-1930." *Journal of Economic Growth* 22: 273-311.

战争塑造国家能力? 德国城市的战争、议会与财政能力 [①]

著名学者查尔斯·蒂利认为,近现代欧洲各国因军备竞争的需要推动了国家在筹集军费方面能力的提升,开创性地将国家能力与战争联系起来。后来的学者在此基础上提出,战争与冲突是国家能力形成的关键动因,促使国家建立中央集权的税收制度来为战争筹资,与税收体系的革新同时出现的还有政治制度的改革。然而,当前关注欧洲历史的学者对战争、政治制度与国家能力三者之间关系的研究并不成熟,主要是对两两之间的关系论证,并且集中在国家的中央层面上进行探讨。

学界认为在前工业化时期的欧洲,城市是孕育政治与经济制度创新的温床。由于德国城市议会向代议制转型早于国家议会,是各级政府治理演进的先行者,Sascha Becker(第七届量化历史讲习班授课老师)等人最新的工作论文从城市层面视角,以长达 550 年的德国历史发展为背景,研究了战争、政治制度与国家能力的问题。作者使用 1200—1750 年德国境内的战争、议会以及税收数据进行量化分析,发现:地

[①] 本文为"量化历史研究"公众号第 343 篇微信推文。推文作者为西北农林科技大学经济管理学院刘莹。

方统治者为了扩大财力去打仗，会通过政治制度的改变向市民让渡部分权力，同时会建立更为复杂的收税方式，实证结论支持了战争、政治制度与地方财政能力三者的因果关系。

战争强度的增加会推动地方政治制度的演进吗？这是作者实证三者关系的起点。作者发现，一个城市所经历的战争强度每加剧 1 个百分点，市民不受当地领主的干涉，从而能够直接参与议会选举的概率平均会提高 12.6%。在德国的历史背景下，城市议会的规模扩张通常意味着市民获得议会席位，议会规模成为地方政治向代议制转型的指标，作者发现每提高 1% 的冲突强度，会导致议会规模扩大 9.3%。此外，分权程度是政治制度演进的重要指标，如果市长、治安官或是法官兼任议会议员，那么议会能够代表市民意愿的独立性就削弱。实证结果同样支持冲突会降低集权程度的理论假设，1200—1750 年，德国境内城市的市民议会投票率平均提高 3.1%，城市的分权度提高 16.5%，根据作者的估算，这些变化中 20%—30% 的增幅可以用冲突强度来解释。

战争强度的增加会带来财政能力的提升吗？这是作者实证三者关系的关键环节。结果显示，短期内战事频发导致的破坏，将使征税总量下降，但伴随着税种的复杂度增加。作者的解释是：有谋划的统治者会改进税收体制以备可预期的战事资金所需，特别会以增添更复杂税种的方式来增加税收。因此，冲突成为提高征税技术的潜在推动力。从滞后50 年的长期影响看，冲突的加剧会导致复杂税替代简单税，并减少税种数量，从而彻底改变地方税收结构。1200—1750 年德国地方所征收税种的复杂程度提升 17%，作者估算其中 33%—57% 是冲突升级推动所致。作者突破现有文献仅关注税收总量的局限，率先从税收结构角度证实战争能促使城市建立复杂征税体系，从而扩宽税基和提高征税效率。

但是上述发现可能存在反向的因果关系，如征税能力更强的统治阶层可能更倾向于发动战争。为了解决这一问题，作者使用德国贵族与欧洲其他贵族的亲密程度作为工具变量，结果仍然成立。

选择这一工具变量的原因在于，蒂利认为贵族与欧洲历史上爆发的冲突有很强的关系，有学者研究发现拥有与其他贵族更密切的联系会减少参与战争的次数。因此，作者将 Lundy（2018）建立的贵族家谱网站（The Peerage）里 68 万位欧洲贵族和 Schwennicke（1998）写的欧洲家谱书中，德国境内 379 个统治家族的文本资料做了数字化处理，并进行匹配。作者接着选取了德国境内 1472 个样本城市，以十年为一个观测时期，对 1200 年至 1750 年的时段进行划分，进而测算各时期样本城市所归属领地上的德国贵族家族与其他欧洲贵族家族关系的亲密程度，将关系密切度的变动视为导致其领地内冲突发生频数的诱因。由于与德国贵族无直接关系的欧洲贵族间的关系变动，外生于德国贵族家族所在领地的政治与经济发展，是解决冲突或战争变量内生性的工具变量。

参考文献：

Becker S O, Ferrara A, Melander E, et al. 2018. "Wars, Local Political Institutions, and Fiscal Capacity: Evidence from Six Centuries of German History." Working Papers.

市场繁荣的法制逻辑：中世纪的大学、法律制度与商业革命 [①]

公元 900—1500 年，欧洲发生了商业革命，城市不断增长，贸易持续扩张。公元 900 年，西欧只有 1% 的人口居住在城市，到 1500 年这一比例超过了 8%，荷兰和比利时甚至达到了 10% 和 20% 的高峰值。这场商业革命为随后而来的欧洲探索世界和殖民奠定了基础，其引发的经济和政治制度发展为现代经济增长铺平了道路。但由于受到数据的限制，已有的研究难以识别导致这场变革的原因。Cantoni 和 Yuchtman 于

---

① 本文为"量化历史研究"公众号第 15 篇微信推文。推文作者为武汉大学经济学院何石军。

2014 年在 *Quartely Jounal of Economics* 上发表的文章 "Medieval Universities, Legal Institutions, and the Commercial Revolution." 基于中世纪德国 2256 个城市的市场设立数据，巧妙地利用 1378 年教皇分裂导致德国大学建立的外生冲击，为我们揭示中世纪大学建立对于当时经济活动影响的因果效应。

中世纪的欧洲经历了商业革命的同时，也伴随着首批大学的创建。11 世纪罗马法被重新发现，在博洛尼亚（Bologna）研习该法的外国学生为了保障他们的权利，成立了博洛尼亚大学，随后大学在欧洲迅速扩张。它们为商业革命时期的经济活动提供了人力资本的支持，如提供有利于商业的逻辑、语法、算术等的培训。但更为重要的是，它们培训了大量懂得成文法和教会法的学生。这些学生对推动当时的法律、行政制度的发展发挥了重要作用，降低了当时政治高度分割下的经济交易的不确定性。

起初由于教皇对异端思想的控制，德国没有一所大学。德国学生必须到国外接受大学教育（主要是法国）。1378 年，教皇格里高利十三世去世，很快教会就分裂出两个对立的教皇：法国教皇和罗马教皇。法国和西班牙选择支持前者，德国和意大利则支持后者。由于教派信仰的不同，法国驱逐了德国籍教师和学生。这时的罗马教皇基于竞争的考虑，允许德国建立大学，接纳被驱逐的老师和学生。从 1386—1392 年，共有三所大学相继在德国建立，即海德堡大学（1386 年）、科隆大学（1388 年）、埃尔福特大学（1392 年）。由于德国大学的创建，很多城市与大学的距离缩减了，就读大学的成本也随之下降，德国大学生的数量到 1406 年时翻了两番。

因此，作者利用教皇分裂这一自然实验，考察了大学建立对德国城市经济活动的影响。考虑到城市人口数据覆盖面小、频率过低，作者使用不同城市每年市场设立的个数作为被解释变量。这些由皇帝或领主授权建立的市场是不断增长的经济活动的良好指示器，它与城市规模、市政建设、商品交易的频率和种类有很强的正相关关系。为了排除其他大的经济变化的影响,作者把考察样本限定在1366—1406年。文中用与大学距离缩减的大小、年份和1386年后的虚拟变量的三次交叉乘积来识别大学建立对城市经济活动的因果效应。计量结果发现1386年后那些经历了与大学的距离更大缩减的城市有着更高的授权设立市场的增长趋势。用以控制前定趋势和证伪检验的低阶交互项表明,1386年之前不同的城市间不存在增长趋势差别,那些没有经历大学距离缩减的城市也没有出现市场活动增长的趋势。这些都说明,教会分裂后德国大学的建立导致了城市经济活动的扩张与繁荣。

虽然教会分裂是政治冲突的结果,对经济条件是外生的,但是大学的选址却可能是基于一些潜在经济条件的考虑,因而可能是内生的。因此,作者通过相继去掉距离大学20千米内、50千米内、与大学处在同一领地的城市样本来考察大学选址对计量估计的影响,发现上述样本调整并不影响估计结果。作者也考虑了经济地理因素影响,如去掉莱茵河20千米内、易北河东部城市,以及控制经度和州趋势,发现之前估计结果仍然不受影响。另外,作者也考虑到了政治因素,如领主的更替、战争以及对法国教皇支持的部分德国城市影响,仍然不改变前文的估计。然而,教会分裂效应也可能是通过大学建立以外的途径起作用,因此作者用了英国与威尔士、意大利这些经历了教皇分裂但是没有大的大学数量变化的城市样本做了证伪检验,发现上述国家在1386年前后没有经历市场活动的增长。

文中的实证结果表明:大学的建立促进了商业活动的扩张。那么,这种影响是通过什么渠道实现的呢?作者基于历史的考证认为,虽然大学提供的数学、修辞、逻辑教育以及社会关系网络的形成可能起作用,但罗马法和教会法的训练以及引发的法律制度的发展才是尤为重要的渠道。11世纪被重新发现的罗马法,是一种能更好地跨地区和国界执行契约以及定义统治者和被统治者权利的法律系统。罗马法是当时欧洲大学教授的核心课程。这些接受了大学教育的学生进入社会后,占据了政府和教会的重要职务，传播了法律知识以及相关的法律制度。罗马法思维的扩散以及接受相同课程训练的法官，使得司法过程和裁决规则更加确定，签订契约更可预测，也更为容易。这在高度分裂的德国尤其重要。据统计，20%的德国首批大学在校学生是专习法律的，他们进入社会后担任了不同地方的法官、检察官、律师、领主的顾问和外交官、市政管理者、城市和各种商业组织仲裁者，甚至教会的牧师等，推动了相应的法律和行政制度的建设。随着13—14世纪整个欧洲对罗马契约法的采纳，在不同的政体间有了一致的契约习惯，这降低了整个社会的交易不确定性和成本，商业繁荣随之出现。

文章来源：

Cantoni D, Yuchtman N. 2014. "Medieval Universities, Legal Institutions, and the Commercial Revolution." *Quarterly Journal of Economics* 129 (2): 823-887.

教育内容与发展的政治经济学：来自历史的经验 [①]

长久以来，经济学家将教育视为经济增长的一项重要决定因素，大量以教育数量（教育年限、入学率、学校结构）为切入点的研究支持了这一观点；相比之下，教育内容如何影响一国经济发展这一问题却受到较少的关注。事实上，不同的人进行人力资本投资时会选择不同的教育内容，形成他们的专业技能基础。而总体技能水平的分布不仅能够影响经济的部门结构，还能够对一国技术变革方向和速度的调控提供帮助。"The political economy of educational content and development: Lessons from history"(*Journal of Development Economics*, 2013)一文中，作者Cantoni和Yuchtman以政府政策如何影响个体对教育内容的选择

---

① 本文为"量化历史研究"公众号第120篇微信推文。推文作者为清华大学社会科学学院李一苇。

决策为线索，并试图以中世纪欧洲罗马法复兴和 19 世纪晚清教育改革为例，探讨引进潜在高生产力知识问题中，政府如何塑造投资不同类型人力资本的激励，进而导致经济增长的差异。

作者使用一个简单的模型指出，政府制度和精英偏好是导致人力资本类型差异的重要来源。政府或者说里面的精英之所以对教育内容感兴趣，是因为政府运作取决于特定的人力资本，而精英的地位也取决于特定的技能。教育的内容既可能支持精英，也可能威胁精英。因此，政府对新的人力资本投资的态度取决于现有社会教育制度所产生的人力资本类型和新的人力资本投资所带来的期望收益。一方面，由于新知识的生产力较高，在位精英可以从生产力提高中获得税收收入；另一方面，新知识会对现有精英产生意识形态成本，即新知识推广可能会造成精英阶层权力的弱化，新知识群体通过教育获得更高的收入和政治影响力从而导致精英阶层不再具有优势。所以，只有当前收益能够弥补其意识形态成本或放弃的未来收益时，精英才会选择支持新知识推广。这要求足够低的意识形态成本，或足够高的正外部性。

进而，作者以中世纪欧洲罗马法和大学的发展与晚清西方教育引进的历史为例，探讨精英阶层在支持新知识推广和维持现有地位之间权衡的政策考量。

11 世纪晚期至 12 世纪，《查士丁尼法典》（*Justinian Code*）的重新发现和博洛尼亚、伦巴第、拉文那等地法学教育的繁荣见证了罗马法在欧洲的复兴。相比于传统的法律体系，罗马法更适应经济日益繁荣的商业化城市的需求，而大学作为一项互补性的革新，伴随罗马法律教育推广而产生，并成为罗马法律思想教学和传播的主要场所。12 世纪前期，新的法学教育和大学的发展受到教会的限制和城市的抵制；而到 12 世纪中后期，德皇腓特烈一世（Frederick I Barbarossa，1152—1190 年在位）对大学的一系列特许令 ① （Authentica Habita）使得精英

---

① 包括允许师生在帝国境内以学术为目的的自由迁移，禁止迫害他国学者，被法庭传唤的学生可以选择由自己的导师或主教审判，而不是由当地法院审判等。

阶层对罗马法的态度逐步转向支持；至 13 世纪初，受教育于罗马法系的法理学者已成为西欧各主要王国法庭和教廷的主力人员。

精英阶层对罗马法复兴的支持主要通过以下两种方式：主教、国王、皇帝或城市当局赋予大学及其学生特权并提供保护；同时雇佣大学毕业生进入法庭或行政机关从而提高投资于新知识的回报。精英态度之所以转变，来源于罗马法的引进对生产力的推动。这使得精英阶层意识到他们所面临的意识形态成本能够被新知识推广带来的人力资本回报和正外部性所弥补，并且他们被罗马法学派门徒所取代的可能性并不大。史实表明，罗马法的推广也并未使这些精英失望，罗马法规范下的城市化、长途贸易都得到了长足发展。大学制度的推广和罗马法知识的教育，促进了小规模商业的发展及行政权力的合理使用化，这对于欧洲商业革命的繁荣发挥了不可忽视的作用。

反观 19 世纪中期以来，中国对西方教育的引入则表现出相反的局面。大量的实证研究表明，相比于以科举为目的的儒家经典教育，现代西方科学技术对于近代中国的经济发展更具推动作用，对近代教育的投资顺应了近代工业的建立和发展的需求，并提供了较大的正外部性。而历史证据表明，清政府在教育体制和科举改革方面的保守政策压制了对近代教育的投资，从而推迟了经济现代化。

不同于中世纪欧洲的政治精英，晚清皇室和高阶官僚支持现代教育的意识形态成本更高，他们认为除现代军事之外的现代教育将对其权力构成威胁。其意识形态成本来源于两方面：一方面，儒家经典教育与社会精英和官僚选拔的结合在中国业已存在几百年，对这一体系的怀疑意味着对社会政治精英质量和政府行政效率的怀疑；另一方面，清朝满族政权对汉人统治的合法性建构依赖于满族统治者对儒家思想的承认和推崇，而支持现代教育、弱化儒家思想则会动摇这一合法性。因而，对儒家经典教育体系的偏离不会受到皇室和官僚的欢迎，西方教育体系在晚清的发展受到极大的限制。

历史经验和案例表明，新知识的投资依赖于政府的支持。其中，政府降低新知识投资收益的不确定性以激励居民选择社会最优的投资水平，对于接下来的经济发展极为关键。中世纪伊斯兰科学的兴衰、20世纪美国《国防教育法》等都是其中的案例。在有关教育影响经济发展研究中，本文从新的视角，围绕教育内容和教育质量展开，是对人力资本研究过多关注数量的有益补充。

文章来源：

Cantonia D, Yuchtmanb N. 2013. "The political economy of educational content and development: Lessons from history." *Journal of Development Economics* 104: 233-244.

秀才不如大学生？——津浦铁路线上新旧教育毕业生的工资比拼 [①]

提到科举制度，中国人的情感是复杂的，可谓又爱又恨。积极性在于，它为中国乃至整个东亚催生出了重视教育的社会风气，这种保持公平性的文官选拔制度也为西方众多学者所称道；负面影响在于，僵化的八股取士让参加科举考试的学生终年埋首于四书五经，禁锢了知识分子的思想，造成中国科学的落后。

虽然科举制度正式废除于1905年，但是现代新式教育在19世纪中期就逐渐引入中国，如传教士建设的教会学校、1862年创办的同文馆、1866年的福州船政学堂等。这些新式学堂与强调诵记儒家经典的私塾不同，它们传授数学、外语、自然科学技术等现代知识。在晚清民国时期，科举制度末期产生的生员、举人甚至进士尚未退出历史舞台，而接受了现代教育的中学生、大学生乃至留学生则大量涌现，在当时的"职场"中，很可能存在着前清秀才和西式学校毕业生之间的

---

① 本文为"量化历史研究"公众号第269篇微信推文。推文作者为香港科技大学王润楠。

较量。那么，这场新与旧的碰撞中，谁会更有优势呢？

Yuchtman（2017）构建了一套独特的津浦铁路职员微观数据，检验了晚清和民国时期的新旧教育回报的差异。津浦铁路连接天津与南京浦口，是今天京沪铁路的前身，始建于 1908 年，于 1912 年全线通车，它取代了大运河成为南北交通的干线。1928 年，南京国民政府接管了津浦铁路，掌握了雇佣员工与决定薪酬水平的权力。在接管后不久，国民政府铁道部着手系统记录津浦铁路员工的信息，包括年龄、籍贯、工资水平和教育背景等，这项调查资料为 Yuchtman 的研究提供了数据支持（图 4）。作者整理的这套截数据包括 829 名员工，首先从工资变量来看，数据中约 2/3 的员工包括了工资数，其余部分只记录了工资等级，作者使用 1932 年的《铁道年鉴》将等级匹配到具体数字；其次记录了详细的教育背景，如图 4 中我们可以看到既有中学生、大学生，也有前清监生，约 60%的津浦铁路员工是新式教育的毕业生，5%的职员接受过传统教育，其他教育类别还有军校、警察学校等。虽然这个数据不是随机样本，但是对研究教育的回报率具有一定代表性。

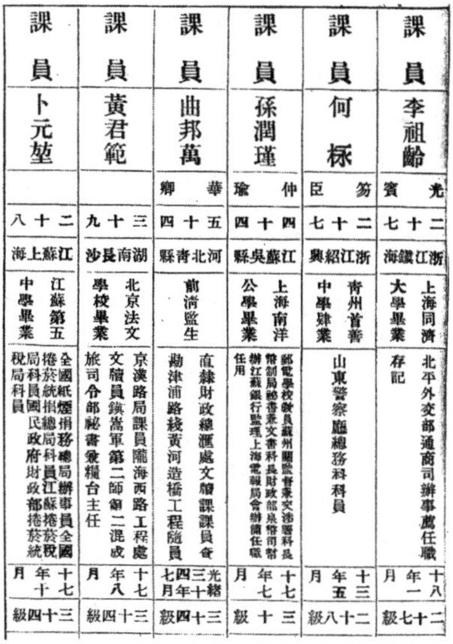

課員	李祖齡	光賓	二十七	浙江鎮海	上海同濟大學畢業	北平外交部通商司辦事薦任職存記	十八年一月	二十七級
課員	何棪	笏臣	二十七	浙江紹興	青州首善中學肄業	山東警察廳總務科科員	十三年五月	二十八級
課員	孫潤瑾	仲瑜	四十四	江蘇吳縣	上海南洋公學畢業	郵電學校教員蘇州關監督署交涉署科長幣制局秘書兼文書科長財政部泉幣司幫辦江蘇銀行監理上海電報局會辦簡任職任用	十七年七月	三十級
課員	曲邦萬	華卿	五十四	河北青縣	前清監生	直隸財政總滙處文牘課課員會勘津浦路綫黃河造橋工程隨員	光緒三十四年七月	三十四級
課員	黃君範		三十九	湖南長沙	北京法文學校畢業	京漢路局課員隴海西路工程處文牘員鎮嵩軍第二師第二混成旅司令部秘書兼糧台主任	十七年八月	三十四級
課員	卜元堃		二十八	江蘇上海	江蘇第五中學畢業	全國紙煙捐務總局辦事員全國捲菸統捐總局科員江蘇捲菸統稅局科員國民政府財政部捲菸統稅局科員	十七年十月	三十四級

图 4　津浦铁路职员原始资料

注：图片来自 Yuchtman（2017）附录

回归结果发现，如果将教育背景粗略地划分为现代教育与传统教育，新旧教育的工资溢价其实是十分相近的，所以作者认为传统科举教育培养的人才在一定程度上也能够适应现代化的工业企业需求。这个发现并不违背常识，秀才们虽然未必看得懂工程图纸和财务报表，但相比较于文盲，毕竟能写一手好字，能起草一篇文书，所以有比较高的工资回报并不奇怪。

但是，当作者细分现代教育类型后，结果显示接受过现代大学教育的职员，其工资水平约比接受传统教育的职员高 40%，特别是工程类大学毕业生，这类职员的工资平均要比有科举功名的职员高 100%，而其他专业（如商业法律等）毕业生则比接受传统教育的职员工资高 40%左右。接受新式教育的员工能够在津浦铁路管理和铁路规划建设等部门任职，而受过传统教育的职员则多局限在文员职位（clerical position）。

这些结果都显示，新式教育能够为现代工业企业创造出更高价值的人力资本，这类人力资本往往拥有更高的工资回报，而且在津浦铁路多种工作岗位上都能够发挥作用。

这项研究虽然只选用了一家企业的职员数据做分析，但首次将旧科举人才和新式教育人才放在同一平台上进行比较，为新旧教育对中国早期工业化的影响提供了证据。现有的讨论"李约瑟之谜"与中西方"大分流"的文献，都十分关注科举制度对中国社会的负面影响，认为这种传统教育制度宣扬官方儒家意识形态，忽略创造性的培养，让中国文化精英的人力资本投资集中在通过考试上而非进行科学探索，导致了中国自然科学发展的滞后，现代工业文明没有在中国诞生。这项研究印证了西方新式教育在适应现代企业发展上的优势："之乎者也"终究难敌物理化学。

近些年来，许多"私塾教育"和"国学班"十分火热，家长们恨不得让孩子"三岁识千字，五岁背唐诗，七岁熟读四书五经，八岁精通诗词歌赋"。我们需要注意的是，中国人固然不能让祖宗的文化遗产失传埋没，但是只靠儒家经典实现社会流动和衣食无忧的日子早已一去不复返，人类文明前进之势终究不可逆，我们的教育制度必须要不断改革，同时在内容上吸收世界先进成果，才能适应全球化之潮流，让教育真正成为中国经济增长的重要引擎，让中国人才在国际市场上更有竞争力！

文章来源：

Yuchtman N. 2017. "Teaching to the Tests: An Economic Analysis of Traditional and Modern Education in Late Imperial and Republican China." *Explorations in Economic History* 63: 70-90.

若欲修行，不由在寺——宗教改革与德国世俗经济 [1]

16 世纪的宗教改革（1517—1648 年）树立了欧洲新的社会经济伦理——为了增加神的荣耀，理性、严谨、勤劳的俗世劳动是教徒的天职。自此，清教徒走出修道院，在世俗经济的经营中践行天职，以增加自己"得救的确信"。法朗克曾将宗教改革精神概括为：你以为你已逃出了修道院，但现在世上每一个人都是终身苦修的僧侣了。

宗教改革对社会经济形成了一个外生冲击，尤其是在德国，宗教改革后，一部分城镇仍然处于天主教控制，而另一部分则属于新教领域，形成了一种类似双重差分的格局。基于此，Cantoni，Dittmar 和 Yuchtman（2016）的工作论文 "Reformation and Reallocation: Religious and Secular Economic Activity in Early Modern Germany"，讨论了宗教改

---

[1] 本文为"量化历史研究"公众号第 147 篇微信推文。推文作者为新加坡国立大学经济学院陈依婷。

革在短期中对德国世俗经济的直接影响。

　　首先，文章分析了宗教改革前后德国修道院的关闭情况。通过 Jürgensmeier 和 Schwerdtfeger（2005—2008）所提供的 3094 家修道院的情况，以及德国各城镇历史资料《德国城市史》*DeutschesStädtebuch*，作者整理出了 2200 个分布在城镇 25 千米范围内的修道院的经营情况。从图 5 可以观察到，自宗教改革开始后，修道院数量普遍显著下降，其中处于新教控制区的城镇修道院数量下降尤为明显（图 5）。

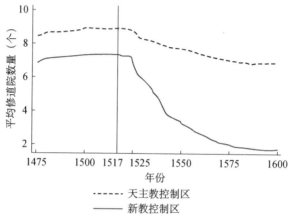

图 5　德国城镇 25 千米范围内修道院平均数量（个）①

　　紧接着，为了从实证角度验证上述关系，文章采用双重差分方法进行回归。其中，被解释变量为城镇 25 千米内的修道院数量，核心解释变量为最终是否处于新教领域虚拟变量和代表年代的虚拟变量的交叉项。在对系列可能的干扰因素进行控制后，结果显示：16 世纪 20 年代后处于新教领域的城镇修道院数量有显著的下降。宗教改革和修道院关闭之间的因果关系由此得到一定程度的验证。修道院的关闭是社会经济资源重新分配的重要体现，大量的土地资源和人力资本借此而得到释放。

---

① 注：1517 年马丁·路德发布《九十五条论纲》，引发德国改革运动。1555 年查理五世和新教诸侯签署《奥格斯堡和约》，允许路德宗和天主教共存于德国。

关于宗教改革后人力资本的重新分配，文章借助大学生的职业和专业选择做了详细的讨论。Repertorium Academicum Germanicum 项目收集了德国的大学在 1550 年以前的相关信息，文章按照宗教改革后归属于天主教抑或新教对大学进行划分，结果发现，宗教改革后新教大学的学生中第一份工作选择为修道士的比例显著降低。然而，修道士毕竟只是众多宗教性职业之一。因此，文章进一步扩大了比例范围，将毕业生的第一份工作分为宗教部门和世俗经济部门，结果表明，宗教改革后，人力资本，尤其是高技术人才更多地流向世俗经济部门（图6）。除了职业选择之外，宗教改革也会对学生专业选择产生影响：选择世俗经济部门专业的人数在新教大学和天主教大学中，均有了显著的提高，学生的专业选择体现了社会需求。

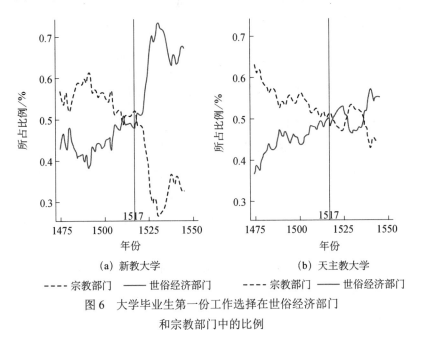

图 6　大学毕业生第一份工作选择在世俗经济部门
和宗教部门中的比例

社会资源的重新分配，在建设活动中也充分体现。文章借助DeutschesStädtebuch 中记录的城镇重要建设活动，收集了 27 000 个城镇级的具体建设项目，分析了宗教改革与社会建设活动变化之间的关系。结果如图7所示，宗教改革后，整体而言，世俗经济部门的建设活动显著增加，这一现象在新教地区尤其明显，面板数据模型也验证了这一结论。在最后，文章引用了三个具体的案例，从微观角度证明了宗教改革对资源重新分配的影响。

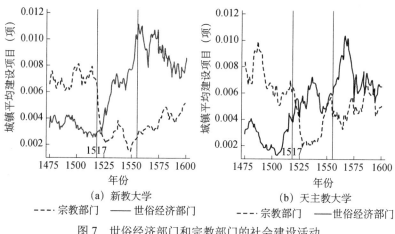

图 7　世俗经济部门和宗教部门的社会建设活动

　　总体而言，文章的核心内容在于验证宗教改革在修道院关闭、高校毕业生职业选择和专业选择、建设活动转变中的因果关系，以此展现宗教改革引发的社会资源的重新分配，以及其对世俗经济发展的重大推动作用。韦伯在《新教伦理与资本主义精神》一书中，指出新教伦理对资本主义发展具有重要影响，许多文章基于此探讨了宗教改革在随后几个世纪的经济影响。然而，资本主义发展需要经历一个原始积累的阶段，需要世俗经济部门的全面兴起，在宗教改革后的短期时间内，世俗经济是怎样兴起的，怎样为资本主义发展做准备的，这篇文章以德国为例，提供了一个详细而全面的回答。

文章来源：

Cantoni D, Dittmar J, Yuchtman N, 2016. "Reformation and Reallocation: Religious and Secular Economic Activity in Early Modern Germany." Working Papers.

权势转移：宗教改革对资源分配的影响 ①

宗教改革之后，世俗主义逐渐兴起，然而两者之间的关联机理尚不明晰。最近，研究者从数据中发现：宗教改革之后，资源从宗教领域向世俗领域转移，宗教竞争改变了政治生态，并带来大学生在求学专业和就业方向上的重新选择，甚至影响了不同类型的建筑数量。此研究成果发表在 Cantoni，Dittmar 和 Yuchtman 的工作论文中。

宗教改革前夕的西欧，相比更早之前的欧洲或者伊斯兰世界，世俗权力已经有了很大进步。然而，统治者还必须从垄断供给者——罗马教廷——来购买宗教对于世俗统治的承认，购买的方式包括提供保护、赠予教产等。由于垄断供应，教廷颇能与世俗精英进行博弈。这种情况在宗教改革后为之一变：新教诞生之后，天主教面临来自宗教市场上的竞争。对于世俗统治者而言，新教提供了更加便宜的救赎和权力来源，包括取消人与神之间的中介机构（即天主教会）、批判修道院制度并允许世俗精英剥夺修道院地产等，天主教囿于教条无法将服务价格降到新教水平。于是，宗教市场的改变打破了权力平衡，资源在圣俗之间重新分配。

研究者把圣俗力量消长的节点定为 1517 年，此年，马丁·路德把著名的《九十五条论纲》钉在教堂大门，掀起宗教改革浪潮，改写了整个欧洲历史。

以教会最重要的产业——修道院——为例，不论从定量材料还是从定性材料来看，天主教区和新教区都发生了教产和财富向世俗领主

---

① 本文为"量化历史研究"公众号第 191 推文。推文作者为复旦大学经济学院贺甦甦。

转移的趋势，而又以新教控制区更为显著。修道院的数据如图 8 所示，虚线为天主教控制区的修道院数量，实线为新教控制区内修道院的数量。在宗教改革之后，新教区的修道院数量出现了明显的下降趋势。

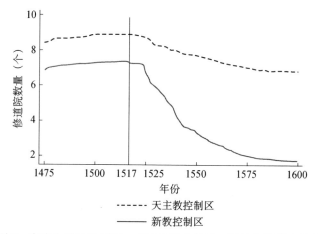

图 8   实线为新教控制区，虚线为天主教区。纵轴为修道院数量

新教改革还改变了大学生学习的专业和就业方向。世俗权力的相对上升和宗教权力的相对下降，引起前者对后者的劳动力需求上升。权力增强的世俗精英需要更多官员，而教会则失去吸引力。研究者收集德国大学毕业生的专业数据和毕业流向数据，将专业分为神学和世俗（包括医学、艺术和法律），结果如图 9 所示，在 1517 年之后，新教大学的学生更多修读世俗学科。不仅如此，如图 10 所示，其毕业流向也更多选择世俗社会，而非修道遁世。

"俗进僧退"的趋势还表现在建筑的结构上。德国 2000 多个县的建筑数据表明，在宗教改革之后的新教区，宫殿、军营、行政设施大量增加，与圣域神坛的没落形成鲜明对比（图 11）。以上趋势不但出现在新教控制地区，在临近新教的天主教前沿阵地，选择增多的世俗王公们也实力壮大，能够修建更多世俗建筑。

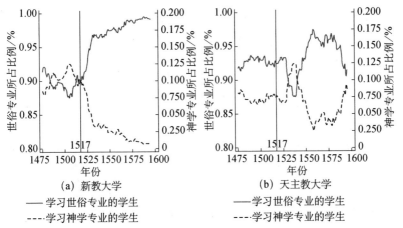

图 9　左图为新教大学，右图为天主教大学。实线为学习世俗专业的学生，
虚线为学习神学的学生

注：宗教改革之后，新教大学学习世俗专业学生数量出现很大上升

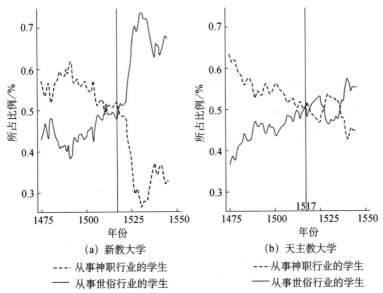

图 10　左图为新教大学，右图为天主教大学。实线为从事世俗行业的
学生，虚线为从事神职的学生

注：宗教改革后，新教大学从事世俗行业的学生数量上升

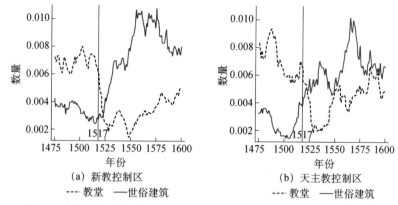

图 11　左图为新教控制区，右图为天主教控制区。实线为世俗建筑，
　　　　虚线为教堂

注：宗教改革后的新教控制区内，世俗建筑数量相对教堂上升

　　在研究者看来，宗教改革之后的政治经济变化更像是断裂，而非延续。无论从物质资本还是从人力资本来看，天主教控制区和新教控制区在宗教改革之前的发展趋势都无法预示之后两地的显著差异。在对德国王公个案的分析中，王公换位导致的偶然性变动，进一步表明宗教改革的冲击确实增进世俗化。

　　马克思曾经评价说："新教把德国俗人变成为僧侣，便解放了世俗教皇即王公及其整个集团。"[①]马丁·路德擎一把火，原希望改变教会，却激发世俗主义，留下破败的教堂荒草萋萋，徒令人发思古之幽情。正如研究者在文中反复用到的那个字眼：Unintended！不期然啊！

文章来源：

Cantoni D, Dittmar J, Yuchtman N. 2016. "Religious Competition and Reallocation: The Political Economy of Secularization in the Protestant Reformation." NBER Working Papers.

①　[德]卡尔·马克思：《〈黑格尔哲学批判〉导言》，北京：人民出版社，1963年。

"自甘为奴"的合约历史：19 世纪英国的法律与劳动 [1]

经济学家和经济史学家通常会在自由劳动和强制劳动之间画一条清晰界限：强制劳动一般只发生在农业经济或前工业经济环境中，自由劳动则被看作现代经济的重要成分。因此，关于法律对劳动力流动的限制研究基本集中在美国南部的农业奴隶和农奴制，或者不发达地区的担保劳动。然而，具有强制劳动影子的合约在 19 世纪已经工业化的英国仍广泛存在。19 世纪，适用于绝大多数产业的英国《主仆法》（*Master and Servant Law*）赋予了雇主对违反主仆合同的雇员进行刑罚起诉的权利，遭起诉的雇员被判监禁三个月后强制返回原岗位。对这种现代工业经济中的强制合约，少有学者关注。Naidu 和 Yuchtman 发表在 *American Economic Review* 的文章"Coercive Contract Enforcement: Law and the Labor Marketin Nineteenth Century Industrial Britain"整理了英格兰和威尔士地区 1858—1890 年雇主起诉的相关面板数据，以及利用 1875 年《主仆法》被废除的冲击，从理论和实证两个层面研究了《主仆法》对 19 世纪英国用工合约和工资的影响。

英国的劳动市场强制立法开始于 1351 年的《劳工法案》，这之后雇主可对员工违约进行刑事诉讼的法律得到反复加强，并不断扩张可适用的行业范围，其中最明显的一次是 1823 年的《主仆法》。该法明确阐明可适用于绝大部分的体力劳动合约，允许雇主起诉员工违约判高达三个月苦役监禁。《主仆法》主要为了迫使员工与雇主签订长期合约以实现风险分担。从法庭诉讼记录看，雇主的起诉通常都会获得执行。这使得雇主起诉的威胁十分可信，也使得员工的承诺可信。从这

---

[1] 本文为"量化历史研究"公众号第 42 推文。推文作者为北京大学经济学院应征。

些记录可以看出，诉讼案主要发生在与工业革命有关的行业，如采矿、冶铁、制造业。随后，在贸易联盟的政治努力下，该法于 1875 年被废除，从此自由劳动成为现代劳动市场的主要形态。

文章基于上述历史背景，在一个雇主和雇员可以自由签订合约的框架下，构建了一个动态博弈模型，发现在雇员具有很高的风险规避情况下，会出现一个签订主仆合约的均衡：雇员会选择与雇主以一个固定的工资来签订一个长期合约从而获得保险；但当外部市场工资足够高时，雇员会选择违约，同时雇主会选择起诉。在这个均衡基础上，文中导出了三个可供验证假说：①正向劳动需求冲击（外部市场工资更高）会导致更多的起诉；②在《主仆法》下，由于长期合约工资相对固定，劳动力需求冲击与可观察到的工资之间具有非单调关系；③当《主仆法》被取消，长期合同不再存在，平均工资上升，劳动力市场需求冲击与观察到的工资增长之间存在相关关系。

文章基于上述假说，利用整理的纺织、煤炭开采、生铁行业数据集验证了劳动力需求冲击对诉讼、工资的影响。首先，利用区（district）水平的数据，以纺织品、煤炭、生铁价格作为劳动需求冲击，发现纺织、煤炭开采、生铁三个行业的劳动力需求冲击显著地提高了诉讼案例。作者把区数据加总到县，以人均诉讼量做相应回归得到了与区数据相同的结论。由于行业空间分布可能是内生性的（煤矿区位是外生因而不具内生性），作者使用各县 1855 年铁矿石的产量、距兰开夏郡（当时英国纺织业之都）的距离作为相应行业需求冲击的工具变量，进行了两阶段最小二乘估计，结果仍然表明正向劳动力需求冲击会带来诉讼案的增加。

接着，作者使用 1851—1905 年县级水平的面板数据采用 DID 方法估计了废除刑事制裁的影响，发现刑事制裁废除后工人工资水平提高。同时，作者对《主仆法》废除前后工资变动对劳动力需求冲击反应进行考察，发现在 1875 年之前工资对劳动力需求冲击的影响是非单调的，这之后两者的关系存在明显的正相关关系。这与文中的假说 2 和假说 3 相一致。

本文的研究表明：在一个缺乏保险的环境下，工人会自愿签订一个类似于"卖身为奴"的强制合约，而雇主也会利用相应的法律来保证合约的执行。这扩展了法律对保障有效劳动供给作用的研究。

文章来源：

Naidu S, Yuchtman N. 2013. "Coercive Contract Enforcement: Law and the Labor Market in Nineteenth Century Industrial Britain", *American Economic Review* 103 (1): 107-144.